Piper Sozialwissenschaft Band 21

Texte und Studien zur Politologie
Herausgegeben von Professor Klaus von Beyme
und Professor Kurt Sontheimer

Peter Pawelka

Vereinte Nationen und strukturelle Gewalt

R. Piper & Co. Verlag, München

ISBN 3-492-02069-0

Gesetzt aus der Lino-Aldus
Gesamtherstellung Clausen & Bosse, Leck
Umschlagentwurf G. M. Hotop
Printed in Germany

Inhalt

Einleitung: Die globale Problemlösungsfunktion

Selten sind Intervalle der Fragestellung und Forschung in einem Wissenschaftsbereich so deutlich zu unterscheiden wie auf dem Sektor der internationalen Organisationen. Sowohl die Entwicklung der sozialwissenschaftlichen Nachbardisziplinen als auch aktuelle Bedingungen und Konstellationen im internationalen System haben diese Phasen beeinflußt. Dabei gingen aus diesen Kommunikationen zahlreiche Anregungen hervor, die der jungen Spezialdisziplin in relativ kurzer Zeit einen bemerkenswerten interdisziplinären Bezugsrahmen zuordneten. Andererseits verursachte diese intensive Manipulation und Penetration eines noch ungefestigten Faches Dysfunktionen, die heute zwei wesentliche Konsequenzen haben:

(1) Im Gegensatz zu ihrem vergleichsweise weit entwickelten methodologischen Standard läßt die Forschung im Bereich der internationalen Organisationen nur selten relevante Fragestellungen erkennen. Die Heterogenität der Ansätze behindert den theoretischen Fortschritt[1].

(2) Die mangelnde Integrationskapazität des Forschungsbereiches ließ es zu, daß bestimmte Ansätze nacheinander dominierten, ohne sich gegenseitig zu beeinflussen oder gar zu ergänzen. Die einander ablösenden Modellvorstellungen erinnern an einen Kreislauf, in dem jeweils die neueste Fragestellung als einzig relevante angesehen wird.

Angesichts der zunehmenden Gewalteskalation in den dreißiger Jahren verdrängte die »realistische Schule« die zuvor weit verbreitete idealistische Konzeption, die das globalgesellschaftliche Konfliktpotential mit Hilfe einer Weltregierung[2] einzudämmen versuchte, hierbei jedoch offensichtlich an der Realität des nationalstaatlichen Verhaltens scheiterte. Der »realistische« Approach[3] konzentrierte sich auf die Interpretation einer tendenziell exklusiven Abhängigkeit internationaler Organisationen von ihrer internationalen Umwelt. Internationale Organisationen werden von den internationalen Akteuren lediglich benutzt; sie kanalisieren durch die Kommunikationsnetze solcher Organisationen ihre Aktivitäten und Forderungen. Der statische Charakter dieses Modells, dem es nicht gelang, die Dynamik internationaler und globalgesellschaftlicher Aggregations- und Integrationsprozesse der Nachkriegszeit adäquat zu erfassen, förderte seine Ablösung durch den Funktionalismus[4]. Die Wahrnehmung von Konsensusfaktoren im internationalen System und die aktuelle Politik inkrementaler Integration in verschiedenen regionalen und funktionalen Zusammenhängen führten zu zahlreichen Analogien, in denen Forschungskonzeptionen des Bereichs nationaler politischer Systeme als Vorbilder galten[5]. Die langjährige Dominanz des strukturell-funktionalen Ansatzes in fast allen sozialwissenschaftlichen Nachbardisziplinen schlug sich auch bei den internationalen Organisationen nieder[6]. Hierbei interessierte man sich so sehr für den Beitrag internationaler Organisationen zur Entwicklung globaler Normen, zur Bekämpfung bewaffneter Auseinandersetzungen und zur weltweiten Integration sowie für den Ausbau und das Wachstum dieser Organisationen, daß man die Frage nach dem Zweck all dieser Aktivitäten und ihrem Stellenwert für die Globalgesellschaft völlig vergaß. Erst der neomarxistische und der kritische Ansatz stellten mit ihrer Betonung der Kategorien Herrschaft, Dependenz und Ausbeutung die Relevanz bisheriger Konzeptionen und Ansätze auch im Bereich der internationalen Organisationen in Frage. Seit dem Ende der sechziger Jahre setzte somit im Rahmen einer kritischen Reflexion über den Gegenstand und die Forschungskonzeptionen der internationalen Beziehungen auch eine Neuorientierung in der wissenschaftlichen Beschäftigung mit den internationalen Organisationen ein[7].

Sosehr der gegenwärtige kritische Impuls für die Erforschung internationaler Organisationen zu begrüßen ist, so gefährlich erscheinen einige Aspekte erster programmatischer Entwürfe für die angestrebte Reorientierung. Bedauerlich ist einmal der offensichtliche Regreß der theoretischen Ausgangsbasis auf die instrumentale Funktion internationaler Organisationen für die dominanten Staaten des internationalen Systems. Hierin äußert sich, wenn auch aus einer völlig unterschiedlichen Gesellschaftsphilosophie herrührend, eine frappierende Nähe zum Ansatz der realistischen Schule. Hat der Funktionalismus, wenn man dieses Etikett vereinfachend für die Forschung der fünfziger und sechziger Jahre verwenden kann, die Variable der Herrschaft vernachlässigt, so werden in der gegenwärtigen Reaktion wiederum manche seiner Erkenntnisse negiert. Eine sinnvolle kritische Reflexion sollte die Konzepte des Funktionalismus nicht pauschal verwerfen, sondern überprüfen und ihrem Rang nach in einem reorganisierten theoretischen System neu einordnen. Eine Revitalisierung der Forschungsstrategie auf polemischer Grundlage darf nicht mehr dazu führen, daß heute verworfene Bestandteile eines bisher gültigen Erkenntnisstandes in einigen Jahren wieder neu entdeckt werden müssen[8].

Ein weiterer Aspekt betrifft die Forschungsmotivation und das praktische »engineering« angestrebter Veränderungen. Konzentriert man das Erkenntnisinteresse vorrangig auf den Nachweis der Steuerungsfunktion internationaler Organisationen zugunsten der herrschenden Kräfte des internationalen Systems, ohne diese Fragestellung explizit in einen breiten Rahmen innovativer Strategien zu stellen, so wird die Erforschung des Reorganisationspotentials internationaler Organisationen behindert. Hinzu kommt die Stimulierung eines resignativen Klimas in der Dritten Welt, sobald globalgesellschaftliche Innovationen entweder nur in der internen Entwicklung der Industriegesellschaften oder in einer fernen Zukunft festgemacht werden[9]. Zwar ist die Steuerungskapazität internationaler Organisationen bisher nur ungenügend untersucht worden, und dieser Nachholbedarf ist zu berücksichtigen, doch muß klargestellt sein, daß es anschließend wichtig ist, den funktionalen Spielraum für globalgesellschaftliche Problemlösungen auf dieser Grundlage aufzuspüren und zu erweitern. Diese Ansicht beruht darauf, eine Strategie zu entwickeln, die auf ständige graduelle und strukturdurchbrechende Reformen abzielt.

Ein dritter Aspekt erstreckt sich auf den Komplexitätsgrad der Forschungsperspektive[10]. Werden die Werte oder Ziele einer Organisation als Kriterien zur Beurteilung der Organisationseffektivität verwendet, so handelt es sich um eine nur begrenzt fruchtbare Fragestellung: Entweder kommt man zu dem Resultat der Ineffektivität oder zu dem Schluß, es würden andere Ziele als die proklamierten verfolgt. Ein solcher Ansatz berücksichtigt nicht, daß ein soziales System viele Funktionen ausüben muß, um eine bestimmte effektiv zu gestalten. Diese Multifunktionalität internationaler Organisationen, wie sie in zahlreichen Varianten der Systemtheorie enthalten ist, darf in einem kritischen Ansatz, der nicht unter das wissenschaftliche Niveau heutiger Forschung sinken soll, nicht ausgespart bleiben. Die Fragestellung muß vielmehr lauten: Wie optimal wird ein bestimmtes, definiertes Systemziel bei gleichzeitiger Erfüllung wichtiger funktionaler Bedingungen erreicht? Ohne eigenes Wachstum, Anpassung an die Umweltbedingungen und die Entwicklung einer wirksamen Problemlösungskapazität, die eine internationale Organisation erst stabil erhalten, kann sie ein Ziel wie zum Beispiel den Frieden im internationalen System nicht erreichen. Ein solcher Ansatz benötigt jedoch ein sehr komplexes Spektrum und fordert zu einer kritischen Synthese bisheriger Forschungskonzeptionen geradezu heraus.

Die vorliegende Arbeit selbst kann die gestellten Ansprüche nur sehr eingeschränkt erfüllen. Es wird versucht, die vorhandene Literatur über die Vereinten Nationen danach zu sichten und zu ordnen, wie sie dazu beitragen könnte, die Forschungsperspektive und die Beurteilung der Weltorganisation nach einem kritischen Systemzielmodell auszurichten.

Der Formulierung eines revidierten Forschungskonzeptes im Bereich der internationalen Organisationen sowie deren Fixierung in einem sozialwissenschaftlichen Curriculum liegt die Absicht zugrunde, im Rahmen einer kritischen Theorie der Sozialwissenschaften die Funktionen internationaler Organisationen in weltweiten Problemlösungsprozessen zu analysieren. Darauf aufbauend strebt sie die Ermittlung von Bedingungen und Verfahren zur Steigerung »emanzipatorischer« Problemlösungskapazitäten an und versucht selbst engagiert, politische Prozesse zu beeinflussen. Hierbei spielt die Sozialisationsdimension neben dem direkten Kontakt zu den Entscheidungsträgern nationaler und internationaler Systeme eine entscheidende Rolle. Der Prozeß des Lehrens und Lernens im schulischen wie im universitären Bereich kann als ein wichtiger strategischer Schwerpunkt innovativer Veränderung globalgesellschaftlicher Strukturen begriffen werden, da er über die Vermittlung überprüfter Wahrnehmungs- und Einstellungsfilter eine problemadäquate Sensibilisierung breiter Schichten zu fördern vermag und dadurch konkrete Voraussetzungen innovativer politischer Prozesse schafft. Zudem könnte er einen Beitrag zur Internalisierung kognitiver und affektiver Bedingungen innovativer Initiativen und demokratischer Mobilisierung zugunsten globalgesellschaftlicher Problemlösungsprozesse leisten. Die Einbeziehung der hier angeregten Fragestellungen in den curricularen Bestand der Sozialwissenschaften ist demnach bereits ein nicht unwesentlicher Teil der emanzipatorischen Strategie selbst.

Im ersten Arbeitsgang soll der Untersuchungsgegenstand in seinem sozialen und politischen Zusammenhang dargestellt werden. Erst wenn man sich über Sinn, Ziel und Stellenwert der Weltorganisation im klaren ist, können ihre Entwicklung und ihr Verhalten beurteilt sowie mögliche und wünschenswerte Veränderungen untersucht und angestrebt werden. Grundlage der methodischen Aufbereitung ist die Globalgesellschaft, d. h. der dynamische Zusammenhang sozialer Interaktionen der »Menschheit«. Das System[11] der Globalgesellschaft entstand weitgehend aus relativ isolierten sozialen Einheiten verschiedenster Integrationsstufen, vom Clan bis zur nationalen Gesellschaft, die zunehmend durch Austauschprozesse miteinander verbunden wurden und deren Interdependenz ununterbrochen steigt. Parallel zu dieser historischen Entwicklung kristallisierte sich das Muster politischer Organisation heraus. Sein gegenwärtig am weitesten ausgebildeter und die gesamte Globalgesellschaft umfassender Typ ist der Nationalstaat. Das nationale politische System wurde zum Regelungsinstrument gesellschaftlicher Prozesse.

Ein politisches System steht mit seiner gesellschaftlichen und materialen Umwelt in ständiger Konflikt- und Kooperationsbeziehung. Umweltveränderungen sowohl innerhalb der eigenen Gesellschaft als auch im internationalen System beeinflussen die innere Struktur des Systems, seine Funktionen und seine Stellung zwischen gleichrangigen Einheiten. So können revolutionäre Parteien oder Wirtschaftskrisen im Inneren sowie Expansionen anderer Staaten oder militär-strategische Erfindungen politische Systeme auf die verschiedenste Art und Weise vor Probleme stellen, auf die sie reagieren und die sie lösen sollten, um »unangenehme« Folgen zu vermeiden. Ein wesentliches Merkmal politischer Systeme ist ihre Steuerungskapazität, das heißt, sie nehmen äußere Einflüsse nicht einfach nur hin, um sich so gut wie möglich anzupassen, sondern versuchen ihrerseits aktiv auf sie zurückzuwirken; früh erkannten oder gar vorausgesehenen Krisen, Bedrohungen oder Belastungen kann daher bereits im Ansatz begegnet werden. Diese Fähigkeit, Systemspannungen zu vermindern, ist das wesentlichste Kriterium für den Bestand eines Systems; ich will es »Problemlösungskapazität« nennen[12].

Im Bereich der auswärtigen Politik besteht die Funktion eines nationalen Staatsapparates darin, die negativ eingeschätzten Veränderungsprozesse innerhalb der zahlreichen Interaktionen, die seine Gesellschaft mit dem Ausland verbinden, abzuschwächen und in bestimmten Grenzen zu halten[13]. Je vielfältiger und verwickelter die Umwelt des Systems organisiert und je stärker es mit ihr verflochten ist, desto mannigfaltiger müssen seine Kontrollinstrumente und desto spezialisierter seine Problemlösungsrollen sein. Die Entstehung moderner Staatsapparate mit ihren zahlreichen Interventionsmöglichkeiten und -zuständigkeiten in bezug auf Konjunkturzyklen, Vollbeschäftigung, Bildungswesen, Wohlfahrt usw. ist darauf zurückzuführen, daß der heutige Staat einer bedeutend höher entwikkelten und daher komplizierter zu steuernden Umwelt gegenübersteht als seine Vorgänger in zurückliegenden Jahrhunderten. Will das politische System seine Problemlösungskapazität erhalten oder ausbauen, so muß es seinen Entscheidungsapparat »umweltkonform« erhalten[14].

Auch die außenpolitische Problemlösung blieb von der Entwicklung der modernen Gesellschaft nicht unberührt. Seit der industriellen Revolution wuchsen internationale Transaktionen, personale Verkehrsströme, Transport- und Kommunikationsnetze. Die Steigerung und Wachstumsgeschwindigkeit dieser Interdependenzfaktoren waren im historischen Vergleich ohne Beispiel. So wurden die politischen Systeme der Nationalstaaten zunehmend vor neue Probleme gestellt. Als Reaktion darauf bauten die Staaten nach dem Westfälischen Frieden 1648 ständige Institutionen an Stelle der bis dahin üblichen Ad-hoc-Kontakte auf: Allmählich entstanden diplomatische Dienste und Außenministerien. Innerhalb der Staatsapparate mußten später Strukturveränderungen verschiedenster Art vorgenommen werden; die Ausgliederung spezieller, außenpolitisch orientierter Abteilungen (z. B. Außenhandel), die Gründung neuer Ministerien im auswärtigen Bereich (z. B. Entwicklungspolitik) sowie die anhaltende Anpassung bürokratischer Ausbildung, Rekrutierung, Technik und Einstellung an sich wandelnde Umweltanforderungen weisen auf Versuche hin, die außenpolitische Problemlösungskapazität auf dem laufenden zu halten. Die Einrichtung wissenschaftlicher Beratungsgremien, spezieller Brain-Trusts und Planungsstäbe zum Entwurf geeigneter außenpolitischer Strategien förderte denselben Trend des Organisationsausbaus. Doch konnte andererseits die Regelungsstärke nationaler politischer Systeme auf die Dauer dem Niveau der Umweltkomplexität nicht angeglichen werden. Das industrielle Wachstum mündete in eine Kommunikationsrevolution, in deren Gefolge zwischengesellschaftliche Interdependenzen in der Form von Exponentialfunktionen wuchsen und zu Konflikten globalen Ausmaßes ausarteten. Pathologische Reaktionen nationaler Akteure gipfelten in zwei Weltkriegen und einer als »Drohsystem« bekannten Dauerkrise des internationalen Systems[15]. Unter diesen Eindrücken förderte das System der Nationalstaaten die Gründung und Entwicklung multinationaler Regelungsinstanzen, welche die Problemlösungskapazitäten ausschließlich nationaler Akteure ergänzen oder gar ersetzen sollen[16]. Multinationale Regelungsinstanzen oder internationale Organisationen sind institutionalisierte Arrangements unter den Mitgliedern des internationalen globalen Systems, die die Aufgabe haben, Probleme zu lösen, die auf Bedingungen des internationalen Systems zurückzuführen sind[17]. Es handelt sich um politische Systeme, die von einer Vielzahl nationaler Staatsapparate ausgegliedert – oder besser: ausdifferenziert – wurden, um Aufgaben zu lösen, bei denen nationale Problemlösungskapazitäten überfordert sind.

Das UN-System, bestehend aus der Zentralorganisation und deren Sonderorganisationen, kann heute als die dominante multinationale Regelungsinstanz des globalen internationalen Systems bezeichnet werden. Ihre Entwicklung weist einen engen Zusammenhang mit dem Wachstum industrieller und kommunikativer Interaktionen auf[18]. Die Aufgabe des UN-Systems ist es, im Kontext sich andauernd wandelnder Konstellationen und Bedingungen in seiner internen und externen Umwelt relevante Probleme der Globalgesellschaft zu lösen. Seine interne Umwelt besteht aus den politischen Systemen der Mitgliedstaaten. Die Strukturen der Globalgesellschaft und ihre Organisationen außerhalb nationalstaatlicher Vereinigungen werden als externe Umwelt verstanden. Damit steht das Steuerungs- und Regelungsmuster des UN-Systems im Mittelpunkt der Fragestellung[19]. Dieser Ansatz setzt im allgemeinen ein einheitliches Entscheidungszentrum voraus. Doch kann man ebenfalls davon ausgehen, daß eine Vielzahl von Entscheidungsträgern den Problemlösungsprozeß verhältnismäßig unkoordiniert durchführt[20]. Im System der Vereinten Nationen kommen in vielen unterschiedlich zusammengesetzten Organen Entscheidungen zustande, die extrem ungesteuert erscheinen. Unter diesen Bedingungen wird Problemlösen nicht so sehr zielorientiert erfolgen; es wird sich vielmehr als eine Folge von Ausweichbewegungen vor drückenden Zwängen der Umwelt darstellen. Doch auch ein solcher Prozeß kann längerfristig zu tiefgreifenden und angestrebten Veränderungen führen. So trugen beispielsweise zahlreiche UN-Resolutionen in sehr unterschiedlichen Gremien und Problemkreisen entscheidend zur Dekolonialisierung bei. Es handelt sich hierbei um Wandlungsvorgänge, die bei sehr umstrittenen Fragen selbst in vergleichsweise stark gesteuerten politischen Systemen – wie Nationalstaaten – anzutreffen sind: Die außenpolitische Öffnung der BRD zum sozialistischen Lager sowie die Innovation in der Deutschlandpolitik erfolgten in einer langen Folge von Entscheidungen der Kabinette Erhard, Kiesinger und Brandt. Das Fehlen einer einheitlichen Zielprojektion und einer homogenen Wert- und Normenstruktur läßt allerdings die Wahrscheinlichkeit von Problemlösungsprozessen der Anpassung höher erscheinen als die aktiver und kreativer Entscheidungen[21].

Die bisherigen Ausführungen dienten der Feststellung und Erläuterung der instrumentalen Funktion des UN-Systems. Hierbei wurde die Lösung globalgesellschaftlicher Probleme zur Aufgabe der Weltorganisation erklärt. Diese Funktion muß nunmehr inhaltlich gefüllt werden, denn Probleme können für verschiedene Teile der Globalgesellschaft verschieden relevant sein, und sie können ebenfalls sowohl zugunsten weniger als auch zum Vorteil vieler gelöst werden. Daraus ergibt sich die Notwendigkeit einer Diskussion des Begriffs Problem, deren normativer Charakter ausdrücklich betont wird.

Das Grundproblem internationaler und globalgesellschaftlicher Strukturen ist der Frieden. In Anlehnung an J. Galtung[22] sei darunter die Abwesenheit von Gewalt verstanden. Diese kann man in einen personalen und einen strukturellen Typ unterteilen. Während jener physische Verletzungen sowie ihre Androhung umfaßt, besteht dieser in einer Verminderung der Lebensqualität durch Furcht, Leiden, fehlende Möglichkeiten der Selbstverwirklichung usw. Gewalt liegt demnach nicht nur im Falle kriegerischer Auseinandersetzungen, Unterwanderung oder militärischer Intervention vor, sondern auch dann, wenn von den technischen und sozialen Bedingungen her, die in der Globalgesellschaft bestehen, das Potentielle höher entwickelt ist als das Aktuelle und das Aktuelle vermeidbar erscheint. Ist diese Diskrepanz auf bestimmte Bedingungen des Systems zurückzuführen, so kann man von »struktureller Gewalt« sprechen.

Neben den Problemtypen personaler und struktureller Gewalt bestimmen die Problemdimensionen den Inhalt der UN-Aufgaben. Hier sind es zwei Konfliktmuster, die den größten Teil der historischen und aktuellen Probleme umfassen: Das eine durchzieht den industrialisierten »Norden« der Globalgesellschaft, das andere trennt den Norden vom »Süden«. Berücksichtigt man beide Variablenpaare, so ergibt sich folgende Problemtypologie:

	Industriegesellschaft	Globalgesellschaft
personale Gewalt	Drohsystem	Kolonialismus
strukturelle Gewalt	Umweltproblematik	Imperialismus

Die Auseinandersetzungen unter den Industriestaaten werden seit dem Ende des Zweiten Weltkrieges vom Ost–West-Konflikt beherrscht. Die »organisierte Friedlosigkeit« dieses Problemkreises impliziert die Androhung physischer Gewalt als wichtigstes Kriterium[23]. Das Kolonialsystem repräsentiert denselben Problemtyp im Verhältnis von Industrie- und Entwicklungsgesellschaften. Dabei ist nicht nur an eine Unterdrückung im formalen Rahmen staatsrechtlich legitimierter Akte, wie sie der Algerienkrieg oder die Bekämpfung der Befreiungsbewegungen in Angola und Mozambique darstellen, gedacht, sondern ebenso an repressive Interventionen, die auf der Grundlage von Beistandspakten oder formalrechtlichen Begründungen stattfinden, wie der Vietnamkrieg oder das britisch-französische Suez-Abenteuer von 1956.

Demgegenüber sind Imperialismus und Umweltproblematik Phänomene struktureller Gewalt. Das asymmetrische Beziehungsgeflecht im internationalen und zwischengesellschaftlichen Bereich, das vielfach als Imperialismus bezeichnet wird, schränkt die Entfaltungs- und Entwicklungsmöglichkeit der meisten agrarisch strukturierten Gesellschaften der südlichen Erdhalbkugel ein. Zunehmend ins Blickfeld der internationalen Politik gerät die Umweltkrise, ein Komplex, dessen Dimensionen – Bevölkerungsdynamik, Ressourcendruck und die Lebensqualität bedrohende Defekte technologischer Entwicklung – sowohl nationalstaatliche als auch internationale Beziehungen immer stärker belasten werden[24].

Alle vier Problemkreise beschäftigten die Vereinten Nationen im Verlauf ihrer Existenz gleichzeitig. Dennoch ist es möglich, Schwerpunkte zu ermitteln[25]. Während der vierziger und fünfziger Jahre beherrschte das Drohsystem in seiner historisch festzumachenden Ausprägung als Kalter Krieg die Aktivitäten der Weltorganisation. Diese Phase wurde seit der Mitte der fünfziger bis zur Hälfte der sechziger Jahre durch das Problembündel der Dekolonialisierung überlappt. Die gesamten sechziger Jahre beschäftigte das UN-System vorrangig der »Redistributionskomplex«, d. h. der Versuch, mit Hilfe der Entwicklungsförderung internationale Asymmetrien des gesellschaftlichen Wachstums zumindest abzuschwächen. Seit Beginn der siebziger Jahre macht sich mit zunehmender Dynamik das Umweltproblem bemerkbar. Zwar werden vorangegangene Schwerpunkte nicht einfach liquidiert, doch besteht die Tendenz, sie unter dem Zwang der Komplexitätsreduktion allmählich in das zweite Glied der Dringlichkeitsstufen abzuschieben. Diese Entwicklung umschließt vier wichtige Gesichtspunkte, die auf die Problemlösungskapazität der Vereinten Nationen einwirken:

(1) Es besteht die Neigung, sich stärker als in den fünfziger Jahren Problemen der strukturellen Gewalt zuzuwenden. Daraus folgt, daß die im Vergleich zum Völkerbund beobachtete Abnahme der Organisationsaktivität[26] nicht den Schluß zuläßt, die globalgesellschaftliche Relevanz der Weltorganisation sei im Verfall begriffen. Das Gegenteil ist zutreffend: Die Verlagerung der Aufgaben in den Bereich der grundlegenden Strukturprobleme steigert die Bedeutung des UN-Systems, absorbiert jedoch andererseits Kapazitäten für spektakuläre Erfolge und fördert die Tendenz, nur noch für »Eingeweihte« durchsichtig zu sein[27].

(2) Während sich seit der zweiten Hälfte der fünfziger Jahre zunehmend Fragen der Dritten Welt im Mittelpunkt der UN-Aktivitäten befanden, scheint sich ein Trend zurück zu Problemen der Industriegesellschaften anzubahnen. Zur Zeit sind etwa zwei Drittel aller UN-

Bediensteten mit Entwicklungsaufgaben im weiteren Sinne beschäftigt. Für das kommende Jahrzehnt könnte ein tiefgreifender Wandel auch innerhalb der Organisationsstrukturen zu erwarten sein. Da die Konzentration auf vorrangig die Dritte Welt interessierende Fragen Energien der Industriestaaten im UN-Kontext erlahmen ließ, wäre eine zunehmende Orientierung auf die Umweltproblematik hin geeignet, der gesamten Organisation dynamisierende Impulse zu erteilen[28]. Diese Möglichkeit ist um so realistischer, als die Umweltkrise sowohl das kapitalistische als auch das sozialistische Lager gleichermaßen betrifft und eine neue Basis für kooperative Beziehungen schaffen könnte.

(3) Zwar wäre nichts abwegiger als die Behauptung, Probleme der personalen Gewalt hätten an Bedeutung verloren; das Ausmaß physischer Gewaltanwendung im internationalen System ist offensichtlich. Dennoch ist die Zurückhaltung oder Passivität des UN-Systems auf diesem Sektor weder beklagenswert noch negativ. Die Problemkomplexe Drohsystem und Kolonisation haben heute angesichts sich wandelnder Strukturen im internationalen System nicht mehr den Stellenwert, den sie noch vor einem Jahrzehnt besaßen. Während im Ost–West-Verhältnis seit der Kubakrise 1962 Entspannungstendenzen immer deutlicher geworden sind und das langsame Entstehen neuer Supermächte, wie der Volksrepublik China und der Europäischen Gemeinschaft, eine Reorganisation der internationalen Beziehungsgeflechte einzuleiten scheint, vermindert die Tendenz, Konflikte unter den Industriestaaten mit nichtmilitärischen Mitteln zu lösen, das Volumen personaler Gewalt in diesem Bereich. Obwohl es durchaus noch einzelne Kolonien in der Dritten Welt gibt, kann auch der Dekolonialisierungsprozeß nicht mehr als vorrangiger Problembereich gelten. Weitaus entwickeltere Methoden der Steuerung, die auf der Basis struktureller Gewalt Abhängigkeiten ohne offen sichtbare personale Zwangsmechanismen schaffen, haben die militärische Intervention der Industriestaaten zur Ausnahme werden lassen.

Demgegenüber belasten Imperialismus und Umweltproblematik als strukturelle Gewaltmuster nach wie vor ungeschmälert die Lebensqualität der Globalgesellschaft. Sie bilden heute die beiden zentralen

Problemkreise, mit denen es die Vereinten Nationen als Problemlösungssystem der Globalgesellschaft zu tun haben. Ihre Lösung außerhalb politischer Strukturen, die das gesamte globale internationale System umspannen, ist kaum vorstellbar.

(4) Weitaus kritischer als die Abkehr von Problemen personaler Gewalt erscheint die Tendenz, das Aufgabenfeld der Redistribution zugunsten einer Bewältigung der Umweltkrise in den Hintergrund treten zu lassen. Die Industriestaaten verstehen die Umweltproblematik ausschließlich als Frage der Verschmutzung, die nur sie etwas angeht. Diese Einstellung ist jedoch zu bekämpfen. Zum einen wirken sich bereits heute zahllose Entwicklungsaktivitäten der Industriestaaten in der Dritten Welt verheerend aus: Bodenerosionen, Versteppungen, irreparable Ausbeutung von Bodenschätzen und natürlichen Ressourcen generell, Urbanisierungsschäden sowie die Verschmutzung des Meeres und der Atmosphäre beziehen die Entwicklungsgesellschaften in die Reihen der Leidtragenden exzessiven Fortschritts mit ein. Zum anderen wird die Asymmetrie der internationalen Beziehungen durch eine einseitige Lösung der Umweltproblematik weiter verschärft. Eine ungeheuere Kostenlawine, deren Dimensionen heute nur schwer überschaubar sind, bedroht die gesamte Entwicklungsförderung. Hinzu kommt eine Normierung von Produktion und Handel durch die Industriestaaten, die die Kosten der Problemlösung im Bereich der Umweltverschmutzung berücksichtigt und dadurch jede ausbeutungsfreie wirtschaftliche und politische Integration der Globalgesellschaft illusorisch macht. Aus diesen Gründen ist eine voreilige Abkehr der UN vom Redistributionskomplex abzulehnen. Angesichts einer solchen Situation sollte es die Aufgabe einer kritischen Reflexion globalgesellschaftlicher Probleme sein, beide Problemkomplexe in einen integrierten Zusammenhang zu bringen. Es handelt sich um Phänomene sozialer Transformation auf verschiedenen Stufen sozio-ökonomischer Entwicklung[29]. Die Lösung des einen Problems auf Kosten des anderen ist aufgrund ihrer Verflochtenheit keine reale Alternative. Zudem bietet die Interdependenz beider Probleme politisch eine – wenn auch zugegebenermaßen heute noch vage und längerfristige – Chance, Motivationen einer kooperativen

globalgesellschaftlichen Lösungsstrategie zu wecken und zu entwickeln. Unter diesem Aspekt werden die Vereinten Nationen danach zu untersuchen sein, wieweit es ihnen gelingt, im Kontext multifunktionaler Existenzbedingungen das Ziel eines Problemlösungsbeitrags zu optimieren. Dieses Erkenntnisinteresse steht im Mittelpunkt der vorliegenden Arbeit.

Soll die Weltorganisation eine effektive Problemlösung im Bereich globalgesellschaftlicher Konflikte leisten, so muß einerseits die Struktur des internationalen und zwischengesellschaftlichen Systems berücksichtigt werden, andererseits aber auch der Spielraum und die Kapazität der Problemlösungseinheit, also des UN-Systems. Das wesentlichste Konstitutionsmerkmal internationaler und zwischengesellschaftlicher Beziehungen ist ihre Schichtung. Ich werde daher die interne und externe Umwelt der Vereinten Nationen unter dem Gesichtspunkt der sozialen Stratifikation diskutieren. Das wichtigste Kriterium der Weltorganisation wiederum ist die Fähigkeit, innerhalb dieser Strukturen selbständige Aktivitäten der Problemlösung zu entwickeln. Diese Dimension wird unter dem Stichwort der Autonomie des UN-Systems behandelt. Strategien einer Problemlösung umschließen die Reduktion der Schichtung in der Umwelt der Vereinten Nationen sowie die Förderung der Autonomie des UN-Systems selbst. Wie aktiv ist nun die Rolle der Vereinten Nationen in diesen beiden Dimensionen?

I. Stratifikation

Das internationale globale System setzt sich aus den Nationalstaaten und den von ihnen gebildeten internationalen Organisationen zusammen. Eines der auffallendsten Merkmale dieses Systems ist seine hochgradige Schichtung. Ordnet man die Staaten in verschiedenen Statusdimensionen – Wirtschaftskapazität, politische und militärische Macht, technologische Entwicklung, Bevölkerungszahl, geographische Größe, internationales Prestige usw. – nach ihrem diesbezüglichen Rang ein, so kann ein Staat theoretisch in jedem Bezugsrahmen einen differenzierten Status besitzen[1]. Diese verschiedenen Dimensionen sind so aufteilbar, daß jeder Staat entweder in der oberen oder in der unteren Hälfte angesiedelt ist. Der Mitgliedschaft in der oberen Hälfte wird die Indexzahl 1 zugeordnet, der in der unteren die Zahl 0. Addiert man nun die Indexzahlen für alle Dimensionen, so ergibt dies für einen Staat x den durchschnittlichen Statusindex, der zwischen der Maximalzahl der verwendeten Dimensionen und Null variiert. Empirische Tests zeigen, daß Staaten, die in einer dieser Dimensionen relativ hoch rangieren, es mit hoher Wahrscheinlichkeit auch in den anderen tun[2]. Man kann daher von einer Konkordanz der Ränge sprechen. Bereits A. F. K. Organski hat in seiner Analyse des globalen Systems Konfliktmuster auf der Basis vertikaler Mobilität untersucht und auf die geringen Chancen hingewiesen, in einer oder mehreren Statusdimensionen aufzusteigen[3]. Eine geringe soziale Mobilität erhöht jedoch das Konfliktpotential[4], das bereits in der bestehenden Schichtungsstruktur angelegt ist, und stärkt seine Virulenz.

Ein zweites Merkmal des globalen internationalen Systems ist das Verteilungsmuster der Kommunikations- und Interaktionsstruktur zwischen den nationalen Systemen. Soziogrammanalysen des Globalsystems weisen eine hohe Korrelation zwischen dem sozialen Rang eines Staates und der Zentralität seiner Kommunikationen auf[5]. Es gibt viele Interaktionen zwischen den mächtigen Staaten, weniger zwischen diesen und den schwachen und noch viel weniger unter den schwachen allein[6]. Dieser Tatsache liegen Verhaltensregeln zugrunde, wie sie bereits G. C. Homans in ähnlich strukturierten Kleingruppen offengelegt hat[7]. Zwischen zwei Akteuren gibt es immer eine festgelegte Rangfolge (lineare Rangordnung) mit nur einem »üblichen« Kommunikationsweg (azyklische Interaktionsmuster). Kommunikationen zwischen mehreren Staatengruppen verlaufen zumeist über die Gruppenführer, kaum jedoch über Mitglieder der unteren Ränge (hohe Rangverknüpfung der Ebenen)[8]. Eine solche Interaktions- und Kommunikationsstruktur ist typisch für ein feudales System[9].

Geraten Staaten unterschiedlicher Macht und Kapazität in Kontakt, so besteht die Tendenz, daß die stärkeren Staaten die Interaktionen so strukturieren, daß sie aus ihnen weitaus größeren Nutzen ziehen als die schwächeren. Die Beschäftigung mit dieser Problematik intendiert eine Beantwortung der Frage nach den strukturellen Ursachen der internationalen Schichtung. Neuere Versuche der Erklärung internationaler Abhängigkeitsstrukturen sprechen entweder von »asymmetrischen Beziehungen« oder von »Imperialismus«[10]. J. Galtung, der mit seinen Arbeiten einen wesentlichen Beitrag zu dieser Diskussion geleistet hat, löst in seinem Imperialismus-Modell[11] das internationale und zwischengesellschaftliche Beziehungsgeflecht in dyadische Einheiten von Zentrums- (Industrie-) und Peripheriegesellschaften (Entwicklungsländer) auf. Hauptmerkmal des Imperialismus ist die Aufspaltung beider Gesellschaftstypen mit dem Ziel der Herstellung einer Interessenharmonie zwischen den jeweiligen herrschenden Kräften und eines Interessenkonfliktes unter den anderen Teilen. Die vertikale Relation zwischen diesen Gesellschaften unterschiedlichen Entwicklungsstandes impliziert für das höher entwickelte System größere »spill over«-Impulse in entwicklungsrelevanteren Sektoren[12] und eine höhere Proliferationsrate des ökonomischen und sozialen Nutzens. Es sind demnach nicht nur bewußte strategische Entscheidungen im Interesse der Industriegesellschaften[13], die das Ungleichgewicht verursachen, sondern auch unterschiedliche Stimuli und Motivationen, die auf die Stellung im Prozeß der internationalen Arbeitsteilung zurückzuführen sind. Für die Globalgesellschaft, die aus einer Vielzahl solcher dyadischer Subsysteme besteht, resultiert daraus eine sozio-ökonomische Polarisierung, die in der Nord-Süd-Dichotomie ihren Ausdruck findet.

Auswirkungen derart ungleichgewichtiger Beziehungen können auf wirtschaftlicher, politischer, militärischer, kommunikativer und kultureller Ebene beobachtet werden, wobei die Tendenz besteht, daß sich die Mechanismen der einzelnen Ebenen gegenseitig verstärken. Während die Dynamik zunehmender Verflechtung in früheren Jahrzehnten und Jahrhunderten von den Staaten ausging, verschob sich ihr Schwerpunkt heute in die transnationalen Strukturen, d. h. die Interaktionen zwischen gesellschaftlichen Einheiten unterhalb der Regierungsebene[14]. Die größten Steigerungsraten weisen Wirtschafts-, Finanz-, Handels- und Industrieorganisationen auf[15]. Der wirtschaftliche Imperialismus wird vorwiegend durch multinationale Wirtschaftskorporationen[16] getragen, deren geographische Verteilung bereits starke Asymmetrien aufweist. Neuere Hochrechnungen, die auf gegenwärtigen Wachstumsraten basieren, widersprechen sich zwar in den Quoten, die sie Westeuropa, Japan und den USA zubilligen, sind sich jedoch völlig einig, daß die Dominanz der kapitalistischen Wirtschaftsorganisationen dieser Gesellschaften noch weiter zunehmen wird[17].

Gelten diese Befunde für den Wirtschaftssektor, so kann man dieselben Asymmetrien in den kommunikativen und kulturellen Strukturen finden. Transportwesen[18], Nachrichtenagenturen[19], Werbung[20], wissenschaftliche Organisationen und sogar moderne Vergnügungsindustrien, wie der Film[21], sind weitgehend in der Hand der Industriegesellschaften.

Trotz der zunehmenden Relevanz transnationaler Strukturen bleibt das internationale Beziehungsgeflecht der Staaten auch weiterhin für die imperalistische Struktur von großer Bedeutung. Geraten transnationale Akteure im Ausland in Schwierigkeiten, so werden die Staatsapparate ihrer Heimatländer zu Hilfe gerufen. Zwar tendieren manche transnationalen Organisationen zu nichtnationalen Einstellungen und Verhaltensweisen und verfolgen Interessen, die nicht immer mit denen ihrer Regierungen konvergieren, doch haben empirische Arbeiten gezeigt, daß geozentrische Normen noch keineswegs weit verbreitet sind. Jedenfalls bleibt es bis heute schwierig, Tendenzen einer zunehmenden nichtnationalen Identifikation der Individuen, wie sie als langfristige Perspektive wahrscheinlich sind[22], empirisch zu belegen. Eine Untersuchung über die 150 größten US-Firmen ergab, daß nur 1,6 % ihres Top-managements Ausländer waren bzw. erst nach ihrem 25. Lebensjahr in die USA einwanderten[23]. Auch G. Modelski fand bei einer Gruppe von 81 der wichtigsten »decision-makers« großer multinationaler Wirtschaftskorporationen keine universale Prädisposition[24]. Man kann daher weitgehend von einer Interdependenz internationaler und transnationaler Imperialismusstrukturen sprechen. Zumindest fördert jedoch eine organisierte politische Unterstützung durch den eigenen Staat die Profitraten der transnationalen Akteure[25].

Die Form der Aufrechterhaltung internationaler Asymmetrien machte historisch gesehen einen auffallenden Wandel durch. Das geläufigste, wenn auch primitivste Merkmal ist die koloniale Okkupation, deren Relevanz gegenwärtig ausläuft. Auch ein Schutzvertrag oder manche Arten von »Bündnisverträgen« gehören in diese Kategorie. Die organisationstechnische und kommunikative Entwicklung hat es hingegen ermöglicht, auf verfeinerte, indirekte und weniger sichtbare Mechanismen überzuwechseln. Zudem erfordert auch der Steuerungsmechanismus im Kontext sich verändernder Umweltbedingungen eine Anhebung seines Komplexitätsgrades, und nicht zuletzt gebot ein revolutionäres Potential in den Entwicklungsländern den Wechsel des Instrumentariums. Die heutige, neokoloniale Form des Imperialismus scheint die inter- und transnationale Organisation zu sein: ob formaler Art, wie die Organisation der amerikanischen

Staaten (OAS), oder informaler, wie die kommunistische Bewegung. Wenn die USA demnach angesichts wachsender Schwierigkeiten in Vietnam und anderswo bilaterale Beziehungen zugunsten multilateraler zu reduzieren beabsichtigen, handelt es sich nicht so sehr um einen Wandel in der außenpolitischen Intention als vielmehr um die Anpassung der Form des Steuerungspotentials an die Bedingungen des internationalen Systems[26].

Nur wenige Untersuchungen haben sich bisher ausdrücklich mit der Frage beschäftigt, wie stark die Schichtungs- und Feudalstrukturen des internationalen Systems in den internationalen Organisationen reproduziert werden. R. Väyrynen, dessen Studie die Stratifikation internationaler Organisationen zwischen 1951 und 1966 behandelte, konnte zeigen, daß diese im wirtschaftlichen Bereich am schnellsten zunahmen und auf transnationaler Ebene eine wachsende interne Schichtung aufwiesen[27]. K. Skjelsbaek bestätigte dies für die transnationalen Organisationen[28]. Speziell im UN-Rahmen wurde ermittelt, daß die Repräsentation in den wichtigsten Organen außerhalb der Generalversammlung (Vollversammlung) an den nationalen Rang, wie er sich durch den Beitrag am Budget der Vereinten Nationen sowie die Größe der Delegation und der ständigen Vertretungen messen läßt, gebunden ist[29].

Den kommunikativen Aspekt der Schichtung verdeutlicht die Entropie[30] internationaler und transnationaler Strukturen. Sie mißt das Beziehungsgeflecht zwischen dem System der Staaten und den Systemen internationaler und transnationaler Organisationen. Besitzt ein Staat zu allen diesen Organisationen Kontakte, die anderen Staaten jedoch nicht, so ist die Entropie gleich Null. Besteht hingegen eine uniforme Verteilung der Beziehungen mit den betreffenden Organisationen, spricht man von einer hohen negativen Entropie. Umfangreiche Statistiken[31] für den Zeitraum zwischen 1815 und 1964 zeigen bei einer generell wachsenden Entropie, daß die weniger entwickelten Staaten im Bereich internationaler gouvernementaler Organisationen (IGOs) stärker integriert sind als in transnationale Organisationen (NGOs). Diese Tatsache unterstreicht die größere Asymmetrie im transnationalen System. Sowohl im NGO- als auch im IGO-

System ist die Entropie in den wichtigsten Entscheidungsorganen am geringsten; dagegen wächst sie in den unteren Bereichen beider Systeme am schnellsten. Die Bevölkerungs- und Entwicklungsunterschiede zwischen den Mitgliedern der unteren und mittleren Rangebene internationaler Organisationen sind größer als die zwischen den mittleren und höchsten Positionen[32]. Zwar besitzen die oberen Gremien oder Sekretariate internationaler Organisationen auch nur relativ wenige formale Befugnisse; die Zentralität in der Kommunikationsstruktur, die Kompetenz der Rollenträger sowie die Häufigkeit der Kommunikation erhöhen jedoch den Einfluß dieser Organe beträchtlich. Je geringer die Entropie ist, desto höher wächst der Prozentsatz der Repräsentation aus dem »Nordwesten« des globalen internationalen Systems (Nordamerika, Westeuropa und »weißes« Commonwealth)[33]. Eine hohe positive Korrelation zwischen politischem Einfluß und Kommunikation ergab auch die Untersuchung des Entscheidungsprozesses in einem Ausschuß der Generalversammlung[34]. Es zeigte sich, daß die Staaten am einflußreichsten waren, die an Kommunikationen der Entscheidungsbildung am meisten teilnahmen. Das Entwerfen von Resolutionen und der Umfang der Unterstützung, die eine solche Resolution erhielt, bestimmten den Grad des Einflusses. Der Indikator für die Partizipation bestand aus den Kommunikationsakten, die ein Delegierter mit den Kollegen durchführte, die nicht neben ihm saßen. Ein Vergleich mit weiteren Attributdaten zeigte, daß diese Kommunikationsraten mit folgenden weiteren Partizipationsindikatoren positiv korrelierten: Größe der UN-Delegation, finanzieller Beitrag zum UN-Budget, Anzahl von Diplomaten im Ausland und Höhe der Exporte. Also sind es vor allem die mächtigsten Staaten, die am meisten kommunizieren und bei der Durchsetzung ihrer Ziele am erfolgreichsten sind.

Obwohl alle diese Daten die Vermutung nahelegen, internationale und transnationale Organisationen seien vor allem Kontrollorgane der herrschenden Kräfte im internationalen globalen System, wäre ein solcher Schluß voreilig. Für das System der Vereinten Nationen gilt er nur bedingt: Hier kann man sowohl stark geschichtete als auch egalitäre Organe gleichermaßen finden.

Besonders auffällig tritt die Asymmetrie zutage, wenn die latente Dominanz durch ein gewichtetes Stimmrecht untermauert wird. Je einflußreicher eine Organisation ist, desto eher wird dies der Fall sein. Im UN-System handelt es sich besonders um die Institutionen, die auf dem währungs-, entwicklungs- und handelspolitischen Sektor Regelungs- und Distributionsaufgaben wahrnehmen, also den Weltwährungsfonds (IMF), die Weltbankgruppe (IBRD) und das Allgemeine Zoll- und Handelsabkommen (GATT). Die Weltbankgruppe, bestehend aus der Weltbank und ihren spezialisierten Organen, der Internationalen Entwicklungs-Organisation (IDA) und der International Finance Corporation (IFC), kann als typisches Steuerungsinstrument der Industriestaaten gelten.

Da das Stimmenvolumen[35] jedes Staates in der Weltbank von der Höhe des eingebrachten Kapitals bestimmt wird, ist die Verteilung sehr unterschiedlich: Mitte der sechziger Jahre variierte sie zwischen 25,5 % (USA) und 0,13 %. Heute besitzen 6 Staaten allein über die Hälfte aller Stimmen; die entwickelten Staaten verfügen über 65,55 %, die gesamten Entwicklungsländer über 34,45 % des Stimmenvolumens. Hinzu kommt, daß informale Gremien der einflußreichsten westlichen Industriemächte – wie zum Beispiel die »Groupe de Genève« – ökonomische Entscheidungen vorstrukturieren. Doch nicht nur die Mehrheitshalter, auch der Beamtenstab fördert das »nordwestliche« Bias der Organisation[36]. Und schließlich wurde der Präsident der Weltbank, der dem gesamten Beamtenapparat vorsteht und das Image der Organisation prägt, bisher stets von den USA gestellt. Nur etwa 17 % der globalen Entwicklungshilfe erfolgen multinational, und davon laufen etwa 60 % über die Weltbankgruppe[37]. Nur ein Bruchteil wird demnach von den egalitären UN-Agenturen vergeben. Man kann daher von einer außerordentlich starken Belastung der Redistribution durch die internationale Stratifikation sprechen.

Was die Entwicklungspolitik der Weltbank betrifft, so gilt sie wie alle multinationale Hilfe als progressiv. Da die intergouvernementale Entwicklungsförderung oft keinen Hehl daraus macht, politischen und wirtschaftlichen Erwägungen der Geber untergeordnet zu sein, erscheint die Berücksichtigung »gesunder Projekte« und »sorgfältiger Prozeduren« durch die Weltbank vielen als innovatives Vorbild[38]. Sobald man jedoch ihre Grundprinzipien kennenlernt, verflüchtigt sich dieses Vorurteil. Die Entwicklungsförderung der Weltbank gibt der ökonomischen Penetration der Peripherie durch transnationale Strukturen Hilfestellung: Mit 70 % des Gesamtvolumens für die Infrastruktur entlastet sie die Privatwirtschaft in dem Entwicklungsbereich, der besonders hohe Investitionen erfordert und nur langfristig rentabel wird. Hinzu kam in den fünfziger und sechziger Jahren eine Diskriminierung staatseigener Industrien und die Förderung privatwirtschaftlicher Aktivitäten nach kapitalistischen Prinzipien. Seit dem Ende der fünfziger Jahre greift die Weltbankgruppe systematisch in die Politik der Darlehensempfänger ein. Die Vergabe von Krediten setzt oft die Annahme und Realisierung von Plänen der Weltbank voraus, die den Entwicklungsländern neuerdings ganze Beraterstäbe zur Verfügung stellt (z. B. 1968 in Indonesien). Zu den Hauptprinzipien der Weltbank gehört dabei die wirtschaftliche und finanzielle Stabilität des Empfängerlandes, was konkret Reduzierung der Inflationsraten, Festsetzung »realer« Wechselkurse und Sanierung des Staatshaushaltes heißt. Erreicht wird dies durch Kürzung öffentlicher Ausgaben, Floaten der Währung und Beseitigung jeglicher Steuerbenachteiligung für ausländisches Kapital[39].

Die Interventionsweisen und Instrumentarien wurden jedoch zunehmend differenzierter. Erfolgten noch in den fünfziger Jahren negative Entscheidungen aufgrund mangelnden Wohlverhaltens im Ost–West-Konflikt[40], so stand seit den sechziger Jahren ein Instrumentarium positiver Sanktionen zur Verfügung, das weitaus erfolgversprechender war. Während die IFC für Investments zuständig wurde und dadurch das Entstehen einer autochthonen Unternehmerelite förderte, soweit sich die Großkonzerne der Industriestaaten desinteressiert zeigten, sprang IDA mit langfristigen staatlichen Krediten zu »weichen« Bedingungen auf dem Infrastruktursektor ein. Da die Weltbank selbst Finanzmittel auf dem privaten Kapitalmarkt mobilisiert, steht der gesamten Gruppe ein komplexes Instrumentarium zur Verfügung, dessen geschickte Handhabung offene Zwangsakte weitgehend unnötig werden ließ. Nur wenn das Eigentum westlicher Firmen durch Verstaatlichungsakte bedroht ist und die Entschädigung den Besitzern nicht »angemessen« erscheint, kommt es zu Konflikten, in denen eine offensichtliche Diskriminierung des betreffenden Entwicklungslandes auch durch die Weltbank in Gang gesetzt wird. Dies betraf zum Beispiel das Chile S. Allendes.

Hinzu kommt, daß das System verstärkt Kapazitäten zu entwickeln scheint, die auf Steuerungsdefekte korrigierend einwirken und vermutlich in der Lage sein werden, auf wirtschaftliche, finanzielle und politische Störelemente flexibel zu antworten. Ein erstes Anzeichen hierfür war eine Aktion der Selbstkorrektur. Die eingehende und kritische Analyse[41] einer Gruppe international anerkannter Bank- und Wirtschaftsspezialisten unter Führung von L. Pearson wurde vielerseits als objektiver Rechenschaftsbericht über die Entwicklungsförderung angesehen. Dies ist vor allem auf die harte Auseinandersetzung dieses Berichts mit der bisher geübten Praxis der Entwicklungshilfe zurückzuführen, in der Praktiken und Phänomene ungeschminkt dargestellt wurden, die sonst meist nur in der »linken« Kritik einen Stellenwert besaßen. Andererseits empfiehlt die Pearson-Gruppe lediglich technokratische Maßnahmen einer adaptiven Problemlösung: die Steigerung der Auslandshilfe generell, eine Umverteilung auf die »modernen« multinationalen Institutionen sowie den Ausbau funktionaler Steuerungsinstrumentarien. Die normative Basis der Entwicklungsförderung bleibt dagegen unberührt. So wurde zu Recht moniert, daß trotz einer Steigerung der Investitionen in den Entwicklungsländern zugunsten 6%iger Wachstumsraten sich die Entwicklungsschere zwischen Zentrums- und Peripheriegesellschaften weiter öffnen wird. Unstimmig bleibt auch einerseits die Diagnose, daß die wachsende Verschuldung der Entwicklungsländer – in Lateinamerika wird sie 1977 130% der neuen Kredite betragen[42] – auf die private Kreditvergabe zurückzuführen ist, andererseits jedoch der hervorragende Stellenwert der Privatwirtschaft für die Entwicklungsförderung weiterhin unterstrichen wird. So gewinnt man den Eindruck, daß zwar einzelne Symptome bekämpft werden, die systemische Praxis des Redistributionskomplexes jedoch unberührt bleibt[43].

Wie weitgehend eine Anpassungsstrategie der Weltbank in Zukunft exklusiv Interessen der dominierenden sozio-ökonomischen Strukturen vertreten wird, kann hier nicht beantwortet werden. Eine Analyse dieses Problems, die sehr komplexe Faktorenbündel zu berücksichtigen hätte, müßte davon ausgehen, daß es zwar auch weiterhin eine enge Verknüpfung zwischen den politischen und ökonomischen Kräften der Industriestaaten geben und diese in den internationalen Organisationen umgesetzt wird, andererseits jedoch zunehmend Erosionen dieser Interessenkonvergenz auftreten werden. Zum einen müssen die Staatsapparate der Industriestaaten bemüht sein, Konfliktherde in den Entwicklungsländern, die auf hemmungslose Penetrationen seitens transnationaler Akteure zurückzuführen sind, zu bekämpfen. Zumindest verbal zeigt sich diese Tendenz bereits in den Verlautbarungen der Weltbankpräsidenten. Während in den sechziger Jahren noch ungeschminkt auf die Hilfestellung für die amerikanische Wirtschaft hingewiesen wurde[44] und dementsprechend nur ökonomische Ziele interessierten, berücksichtigt R. McNamara[45] bereits den Einfluß der Hilfe auf das Wachstum oder die Reduzierung sozialer und damit auch politisch virulenter Konfliktpotentiale.

So prangerte er ein ungesteuertes Wachstum zu Lasten der ärmsten Schichten an und forderte von den politischen Eliten der Dritten Welt Steuer- und Bodenreformen sowie Programme zur Steigerung der Produktivität kleiner bäuerlicher Betriebe. In der Planung der Weltbank ist für 1969–1973 eine Verdreifachung für die Landwirtschaft enthalten. Neuere Daten weisen auf die Erfüllung dieses anvisierten Zieles hin[46]. Bezeichnend für diese Entwicklung ist weiterhin die Tatsache, daß die Äußerungen des Weltbankpräsidenten zunehmend Argumente und Vorstellungen der in der Welthandelskonferenz vorherrschenden Gegenkonzeption zur bisherigen Weltbankpolitik enthalten. So scheint die von Freihandel, freiem Unternehmertum, Marktwirtschaft und Investitionsklima geprägte Entwicklungsstrategie der Weltbank allmählich zugunsten interner Strukturreformen in den Entwicklungsländern modifiziert zu werden. Wieweit ein solcher Trend lediglich verbal bleibt oder realisiert wird, sollte überprüft werden. Würde die Weltbank durch die gezielte Vergabe ihrer Mittel auf solche innenpolitischen Innovationsstrategien einwirken, so könnte dies zwar vom revolutionären Aspekt her systemstabilisierend wirken, andererseits jedoch auch Emanzipationspotentiale in den Entwicklungsländern fördern. Eine wissenschaftliche Fragestellung, die eine solche Funktion internationaler Organisationen – auch wenn sie nur latent vorhanden wäre – vernachlässigt und sich lediglich für die Steuerung interessiert, repräsentiert einen verkürzten Ansatz.

Trotz der Tatsache, daß die einflußreichsten UN-Organe relativ stark geschichtet sind, besitzt die Weltorganisation ein wichtiges Potential zur Reorganisation der Globalgesellschaft. So wurde bereits darauf aufmerksam gemacht, daß das Netz der Mitgliedschaften in internationalen Organisationen Machtstrukturen weniger stark widerspiegelt als z. B. Wirtschafts-, Transport- und militärische Beziehungen[47]. Da in internationalen Organisationen Schichtungsstrukturen weniger stark ausgeprägt sind als im internationalen System, bilden sie organisatorische Kerne des Widerstands und Potentiale von Gegenstrategien. Die Vereinten Nationen erhalten unter diesem Gesichtspunkt als globales Problemlösungssystem einen herausragenden Stellenwert: In ihren weniger stark geschichteten und egalitären Subsystemen kristallisieren sich erste Bestandteile einer Organisations- und Konfliktfähigkeit der Abhängigen und Ausgebeuteten.

1. Organisation politischen Widerstands

Erste Voraussetzung für einen erfolgreichen Widerstand gegen die bestehende Abhängigkeit ist die Fähigkeit, sich international zu organisieren. Diesem Ziel steht jedoch das inter- und transnationale Beziehungsgeflecht des Feudalsystems entgegen, das verhindert, daß Solidaritäten, Organisationen, Bündnisse und Kampfinstrumente unter den Staaten der Dritten Welt entstehen. Kolonialismus und Imperialismus haben die meisten Entwicklungsländer jeweils nach einem Industriestaat ausgerichtet. Auch nach der Gewinnung formaler politischer Unabhängigkeit hat sich an dieser einseitigen Zentrierung nicht viel geändert. Während die ehemalige Kolonial- oder Schutzmacht bestrebt war, durch positive und negative Sanktionen ihre Exklusivstellung zu halten, absorbierte der mühsame Prozeß des »nation-building« in den Peripheriegesellschaften alle Energien, die für außenpolitische Innovationen verwendbar wären. Motivationen für die Auflösung oder Verringerung der einseitigen Bindung an das ehemalige Mutterland blieben daher marginal. Beispielhaft für diese Regelmäßigkeit ist die Entwicklungspolitik Frankreichs in seinen ehemaligen afrikanischen Kolonien. Durch die Konzentration auf kulturelle und technische Hilfe erzielte es bedeutende Erfolge bei der Internalisierung französischer Kultur, der politischen und geistigen Ausrichtung der afrikanischen Eliten und der Verknüpfung der Volkswirtschaften mit dem französischen Warenangebot[48]. Im UN-System wird die Gruppe der frankophonen Staaten Afrikas von der französischen Delegation »betreut« und beraten[49]. Das Merkmal der Zentrierung auf einen Industriestaat kann in allen Sektoren zwischengesellschaftlicher Beziehungen beobachtet werden.

Unter diesen Bedingungen leisten die UN einen wesentlichen Beitrag zur Reorganisation der globalen Kommunikationsstruktur. Im folgenden werden einzelne Faktoren dieser komplexen Funktion aufgefächert.

(a) Informationsbezug

Informationen aus einer Vielzahl von Interaktionen mit verschiedenen Staaten erweitern die Wahrnehmung eines Entwicklungslandes. Es wird umweltoffener, schafft sich allmählich ein komplexeres Bild über eigene und fremde Probleme und erhält eine höhere Toleranzbreite in bezug auf Werte, Verhaltensweisen und Lösungsalternativen. Durch eine »Komprimierung« internationaler Kommunikationsstrukturen bietet das UN-System seinen Mitgliedern einen einzigartigen Informationspool.

Empirische Untersuchungen[50] ergaben signifikante Unterschiede zu traditionalen diplomatischen Beziehungen. So scheinen im UN-

System bedeutend höhere Kontaktquoten zu Kollegen anderer Nationen nachweisbar zu sein. Da diplomatische Rangunterschiede eine viel geringere Rolle spielen als in den traditionalen diplomatischen Kontexten und informale sowie orale Kommunikation vorwiegt, werden Kontakte schneller aufgenommen. Auch der Wert der Information, die UN-Diplomaten erhalten, wird höher eingeschätzt als Nachrichten aus nationalen Botschaften. Zudem ist es im UN-Rahmen auch viel leichter möglich, mit Vertretern von Staaten zu kommunizieren, mit denen nur geringe oder gar negative Beziehungen bestehen. Die Einbeziehung fast aller Staaten des internationalen Systems in dieses Kommunikationsgeflecht bietet vielen Politikern der Entwicklungsländer erstmals auch die Chance, unmittelbare Informationen aus mehreren Industriestaaten parallel zu beziehen und sie untereinander zu vergleichen. Zwar ist die Wahrscheinlichkeit groß, daß die ungewohnte Datenkomplexität nicht adäquat verarbeitet werden kann und daher mit Hilfe vertrauter Konzepte voreilig vernichtet wird. Obwohl so der Informationswert sinkt, scheinen doch Lerngewinne derartige Kosten langfristig bei weitem zu übertreffen. C. F. Algers Untersuchungen lassen den Schluß zu, daß Kommunikationsdefekte, die auf ungenaue Informationsvermittlung und mangelndes Vertrauen in die Bezugsquelle zurückgehen, in den Vereinten Nationen weniger oft vorkommen als in bilateralen diplomatischen Beziehungen. Die fast ununterbrochen bestehende Möglichkeit der Rückkoppelung nach verschiedenen Seiten und der personale Charakter der Kommunikation schließen diese Fehlertypen weitgehend aus.

Eine erhöhte Lernfähigkeit im UN-System wurde bereits von verschiedenen Autoren erkannt und beschrieben[51]. Der Versuch, durch zwei zeitlich verschobene Interviewreihen individuale Lernerfolge von UN-Diplomaten zu testen, ergab, daß die Komplexität ihrer Kenntnisse über fremde Gesellschaften und Probleme, ihre Fähigkeit, Realitäten einzuschätzen, und ihr Engagement für die Vereinten Nationen beträchtlich zugenommen hatten[52]. UN-Delegationen der Dritten Welt, die aufgrund langjähriger Mitgliedschaft und intensiver Pflege der kommunikativen Möglichkeiten einen Lernvorsprung gegenüber den jüngeren Staaten aufweisen, nehmen daher Führungs-

und Spezialistenrollen wahr, die sie aufgrund ihrer geringen demographischen, ökonomischen und militärischen Kapazität nie erhalten würden[53].

Da das UN-System das Prinzip der »Informationskanalisierung«[54] viel seltener anwendet als das internationale System generell, bleibt auch der Komplexitätsgrad der Informationen relativ hoch. Delegierte bei den UN und ihre institutionalen Gremien müssen daher die Fähigkeit entwickeln, das angebotene und bezogene Datenmaterial zu verarbeiten. Da dies sogar für kleinere Industriestaaten zunehmend schwieriger wird, ja selbst die Supermächte hin und wieder daran scheitern, läßt sich unschwer erahnen, vor welchen Problemen die Vertreter der Dritten Welt stehen. Nur formale und informale Zusammenschlüsse sowie der Aufbau eigener Datenverarbeitungskapazitäten können den Vorteil des Informationsbezugs im UN-System nutzbar machen.

(b) Interessenaggregation

Geographische und politische Faktoren haben bereits in den ersten Jahren der Vereinten Nationen zu einer Kristallisation unterschiedlich zielorientierter Gruppen geführt[55]. War es zunächst nur die Absicht, auf der Basis formaler oder informaler Absprachen eine geographisch ausgewogenere Sitzverteilung in den Gremien mit begrenzter Mitgliederzahl durchzusetzen (geographical distribution groups), so bildeten sich bald danach auch Primärstrukturen der Interessenaggregation zum Zwecke der Durchsetzung politischer Ziele (caucusing groups). Nach Größe, Alter, Struktur, Kohäsion und Solidarität unter den Mitgliedern in Verhandlungen und Abstimmungen bestehen beträchtliche Unterschiede. Gemeinsam ist jedoch die Intention, durch Konsensusbildung Absprachen darüber zu erzielen, auf welche Art und Weise welche spezifischen Interessen in den UN-Organen durchgesetzt werden könnten. »Caucusing groups« sind formale Entscheidungszentren des UN-Systems[56].

Da die Staaten der Dritten Welt einzeln kaum Interessen durchzusetzen in der Lage wären, fördert die Aggregationskapazität – die Fähigkeit, sich zusammenzuschließen und solidarisch zu handeln – auch den Einfluß der Gruppe im UN-System. Interaktionen und Kommunikationen in diesem Kontext sind nur schwer zu beobachten und zu messen. Doch kann man von der Konvergenz im Abstimmungsverhalten Rückschlüsse auf die Aktivitäten innerhalb der Gruppe ziehen.

Gemessen an den Industriestaaten, allerdings mit der bemerkenswerten Ausnahme der sozialistischen Staaten Osteuropas, besitzen die meisten »caucusing groups« der Dritten Welt einen hohen Kohäsionsgrad. An ihrer Spitze steht die arabische Gruppe, gefolgt von der afrikanischen und der lateinamerikanischen. Dagegen sind bei der asiatischen und afro-asiatischen Gruppe eher Verfallserscheinungen zu beobachten. Für alle diese »caucuses« gilt, daß ihr Kohäsionsgrad um so höher ist, je stärker ein Problem aus dem Ost-West- in den Nord-Süd-Konflikt rückt.

In der Welthandelskonferenz (UNCTAD) haben sich ähnlich dem »caucusing group«-Muster informale Gruppen gebildet, die ebenfalls auf regionaler Basis beruhen. Während der UNCTAD-Tagungen läuft die Arbeit der Peripherienationen auf zwei Ebenen ab: in den regionalen Gruppen und im »Plenum der 77«. Dabei steigt die Relevanz der Teileinheiten ständig. Selbst der kleinste Vorschlag einer Delegation wird zunächst innerhalb der ihr zugehörigen Gruppe behandelt und gelangt erst nach positivem Beschluß ins Plenum. Unter diesen Bedingungen liegt das Schwergewicht der Entscheidungsprozesse unter den Staaten der Dritten Welt oft mehr auf den Anstrengungen, einen regionalen Gruppenkonsensus herzustellen, als im Bestreben, möglichst flexible Verhandlungspositionen gegenüber den Industriestaaten zu entwickeln. Doch ist dieser Lerneffekt der Solidarisierung, wie er vor allem auf der Ausschußebene immer wieder auch im Plenum anzutreffen ist, Voraussetzung für weitergehende Erfolge.

Alle diese Befunde können jedoch nicht darüber hinwegtäuschen, daß die absolute Zusammenarbeit in den »caucusing groups« nur schwach ausgebildet ist. Es besteht keinerlei Gruppenzwang, gemeinsame Beschlüsse müssen nicht befolgt werden; nur Überredung und Solidarität modifizieren von Zeit zu Zeit das national geprägte Verhalten. Da die Staaten der Dritten Welt im Gegensatz zu den Industrienationen außerhalb der UN nur rudimentäre Verflechtungen untereinander besitzen, täuscht ein Kohäsionsvergleich zwischen »caucusing groups« der Industriestaaten und der Dritten Welt eine Einmütigkeit der Peripherie vor, wie sie nicht besteht. Statistische Untersuchungen haben nachgewiesen, daß das konkrete Abstimmungsverhalten ziemlich verschieden vom »caucus«-Muster ist[57]. Die meisten Regelmäßigkeiten bei Abstimmungen beruhen mehr auf inner- und zwischenregionalen Koalitionen als auf Gruppierungen, die durch »caucus«-Politiken determiniert wären. Auffallend ist vor allem die starke Kohäsion der bereits 1964 aufgelösten Brazzaville- und Casablanca-Gruppen auch nach diesem Datum. Die Brazzaville-Gruppe weist eine beständige, von Frankreich beeinflußte, prowestliche Haltung in Fragen des Kalten Krieges auf, während die Afro-Asiaten in diesen Problemen generell sehr deutlich zum Osten neigen[58]. Die Dissonanz zwischen »caucuses« und Gruppen mit ähnlichem Abstimmungsverhalten blieb seit 1952 relativ konstant[59]. Eine Steigerung zwischenstaatlicher Beziehungen fördert eben nicht allein positive Einstellungen, sondern erhöht auch die Konfliktmöglichkeiten, die sich in gespannten oder gar feindlichen Interaktionen niederschlagen können. Intraregionale Differenzen und Antagonismen schwächen die Kapazität, regionale Gruppenautonomien zu entwickeln und gemeinsame Interessen durchzusetzen. Da oft erste Kontakte geknüpft und erstmals Loyalitäten zwischen Staaten und Gesellschaften entwickelt werden, die noch nie in ihrer Geschichte irgendwelche Beziehungen untereinander besaßen, sind Defekte oder gar gegenläufige Tendenzen häufig festzustellen. Über das Verhältnis von Kohäsionssteigerung und simultan beobachteter Fragmentierung ist allerdings sehr wenig bekannt[60]. Bedingungen zunehmender Solidarisierung unter den Staaten der Dritten Welt sollten daher systematisch untersucht werden.

Neuere Arbeiten versuchten, Einstellungen und Verhaltensregelmäßigkeiten im UN-System auf nationale Attribut-Daten zurückzuführen. Maßgeblich hierfür war vor allem R. J. Rummels Hypothese, der Faktor »wirtschaftliche Entwicklung« könne gute Voraussagen für nationalstaatliches Verhalten liefern[61]. So wurde auch für die Vereinten Nationen festgestellt[62], daß man vom durchschnittlichen nationalen Pro-Kopf-Einkommen der Mitglieder einer »caucusing group« auf die Einstellung ihrer Delegationsmitglieder gegenüber den UN schließen könne. Eine hohe Entwicklungsstufe korreliert positiv mit einer negativen Einstellung: Delegierte der Industriestaaten prognostizierten für die Generalversammlung eine abnehmende Relevanz. Ebenso erklärungskräftig erwies sich dieser Faktor für das Verhalten in der zugehörigen »caucusing group«. Gemessen wurde die Häufigkeit der Treffen, die Länge der Sitzungen, der Grad der Formalität, die Wahlhäufigkeit und die Einstellung gegenüber Gruppenkommunikationen. Auf der Basis dieser Indizes ermittelte man eine Rangordnung der »caucusing groups« zwischen den Polen übernationaler und nationalstaatlicher Einstellung. Dabei wurde deutlich, wie kooperationsfreudig die Staaten der Dritten Welt in ihren »caucuses« im Vergleich zu den Europäern sind. Befragt nach dem Einfluß der »caucus«-Politik auf nationale Regierungsentscheidungen, gaben UN-Delegierte der UdSSR, der Benelux-Staaten, der EG und Westeuropas an, daß er sehr gering sei; als hoch wurde er dagegen von Skandinaviern, Arabern, Afrikanern und Afro-Asiaten bezeichnet. Eine mittlere Position nahmen die Mitglieder der lateinamerikanischen und asiatischen »caucusing groups« ein. Besonders von afrikanischen UN-Delegierten ist bekannt, daß sie ihre nationale Außenpolitik viel stärker beeinflussen als ihre Kollegen von anderen Kontinenten, was nicht zuletzt auf die Qualität ihrer Informationen im Vergleich zu anderweitig verfügbaren Nachrichten zurückzuführen ist[63]. Die Intensität der »caucus«-Politik verschiedener Peripheriestaaten hat aber noch weitreichendere Folgen. So konnte beispielsweise B. M. Russett statistisch nachweisen, daß Staaten, die mit Mitgliedern ihrer Region überdurchschnittlich kommunizieren, in der Generalversammlung mit hoher Wahrscheinlichkeit mit der regionalen Gruppe abstimmen[64].

Faktoranalysen wiesen im Anschluß an die Untersuchungen der »caucus«-Politik nach, daß zahlreiche Variablen der Unterentwicklung mit einer positiven Einstellung und aktivem Verhalten in der

»caucus«-Politik übereinstimmen. Diese Resultate werden bestätigt, wenn man die Entwicklung finanzieller Beitragsquoten untersucht. Ein völlig unzureichendes, ja verfälschendes Bild ergibt ein Vergleich der absoluten Zuwendungen für die Vereinten Nationen[65]. Berücksichtigt man das Pro-Kopf-Einkommen der Staaten, so werden annähernd zwei Drittel der UN-Mitglieder mehr belastet als die USA. Während der sechziger Jahre waren die Beiträge von 80 % der UN-Mitglieder höher als die der Vereinigten Staaten, wenn man sie an den nationalen Militärausgaben mißt. Berücksichtigt man beide Kategorien, so machten die afrikanischen Staaten mit Abstand die höchsten Zuwendungen zum UN-Budget. Generell kann man sagen, daß die finanzielle Belastung der kleineren Staaten – gemessen am Nationalprodukt und am Militärhaushalt – am höchsten, die der großen Staaten am niedrigsten war[66].

Der Schluß, der aus diesen Ergebnissen gezogen werden kann, ist einmal der, daß internationale Organisationen heute in erster Linie als Problemlösungsinstrumente des Redistributionskomplexes gesehen werden, und zum anderen, daß eine positive Einstellung gegenüber den Vereinten Nationen und ihren so perzipierten Aufgaben zu einer Aktivierung von Aggregations- und Solidarisierungspotenzen unter den Staaten der Dritten Welt zu führen scheint.

(c) Selbstorganisation

Extrapolationen[67] empirischer Studien über inter- und transnationale Organisationen geben an, daß die organisatorische Komplexität im globalen System weiter steigen wird. Man könnte vermuten, eine solche Struktur tendiere zu zahllosen Solidaritäts- und Konfliktlinien kreuz und quer durch das gesamte System und fördere die Überlappung von Mitgliedschaften in verschiedenen Organisationen, wodurch gewaltsame Konflikte vermindert würden. Einer solchen Theorie widersprechen jedoch die Anzeichen einer sehr eingeschränkten Entropie: Die meisten Organisationen werden nur Industriestaaten als Mitglieder haben und langfristig integrative Prozesse lediglich in der »top dog«-Region des globalen Systems unterstützen. Einer solchen Situation, die die Feudalstruktur weiter verstärkt, sollte gezielt entgegengewirkt werden.

Die Richtung, die hierbei einzuschlagen wäre, ist der Analyse eines historischen Prozesses zu entnehmen. R. L. Merritt[68] zeigte in seiner Studie über die Desintegration des »merkantilen imperialen Systems« nach dem Westfälischen Frieden, daß die Loslösung der amerikanischen Kolonien vom britischen Mutterland unter dem Gesichtspunkt der Reorganisation einer zentrierten, feudalen Kommunikationsstruktur beschrieben werden kann. Die Verselbständigung der USA vollzog sich mit Hilfe des Ausbaus intensiver Regelkreise zwischen den einzelnen Kolonien sowie der Aufnahme von Beziehungen zu anderen europäischen Großmächten. Analog dazu sollten also die Staaten der Dritten Welt intensive Beziehungen untereinander entwickeln und institutionalisieren. Dazu bieten sich internationale Organisationen mit der exklusiven Mitgliedschaft von Peripheriegesellschaften an. Eine solche strukturelle Basis wäre geeignet, integrative Entwicklungen unter den jungen Staaten zu fördern und einen stärkeren Rückhalt gegenüber den Industriegesellschaften aufzubauen. Neue internationale Assoziationen dieser Art würden erstmals um Ideen, Ziele, Werte und Verhaltensweisen entstehen, die nicht für die Industriestaaten repräsentativ sind.

Aufbau und Entwicklung eigenständiger internationaler Organisationen der Peripherie sollten als eine Strategie zur Förderung der Autonomie der Entwicklungsländer begriffen werden. Sie wird scharf abgehoben von der Forderung nach einer autarken Entwicklung und Selbstorganisation, wie sie sich vor allem in der Kritik der Entwicklungsförderung von »rechts« niederschlägt[69]. Sofern eine Politik der Entwicklungsländer, die auf Autarkie ausgerichtet wäre, überhaupt denkbar ist, so hätte selbst eine zeitlich begrenzte Periode der Abkapselung und Isolation vom kapitalistischen System der Industriestaaten vorwiegend negative Auswirkungen. Nicht nur der Verlust potentiellen Nutzens an Kapital und Technologie wäre zu verzeichnen, sondern auch die Gefahr der Abschließung der Märkte des globalen Nordwestens vom Rest der Welt[70]. Internationale Organisationen der Peripherie stellen keinen autistischen Trend dar, sondern dienen dem Ausbau autochthoner Kontrolle über die Wirtschafts- und Außenhandelsbeziehungen sowie weiterer transnationaler Kontakte mit den Industriegesellschaften.

Als dringend notwendig müssen eigene internationale Organisationen bereits deshalb gelten, weil es den Peripheriestaaten an handlungsrelevanten Informationen über sich selbst, ihre potentiellen Verbündeten, ihre Gegner und ihre Umwelt generell mangelt. Es wurde bereits auf den Zugang zu einem außergewöhnlichen Nachrichtenpool im UN-System hingewiesen. Eine adäquate Nutzung solcher Informationskanäle setzt jedoch ein Höchstmaß an Verarbeitungskapazität voraus. Ohne die Möglichkeit des Vergleichs, der Nachprüfbarkeit, der Registrierung, der Koordination und der Speicherung ist auch ein optimaler Informationsbezug nicht viel wert. Eines der wichtigsten Merkmale der internationalen Arbeitsteilung, wie sie auf die asymmetrische Beziehungsstruktur des globalen Systems zurückzuführen ist, zeigt sich in der Konzentration von Forschung, Koordination und Information in den Metropolen des internationalen Systems. Den Entwicklungsländern fehlen oft die primitivsten Statistiken über ihre eigenen Gesellschaften. Internationale Organisationen, wie die Weltbank, haben manchmal exaktere Kenntnisse als die zuständigen nationalen Regierungen. Ausländische Wirtschaftsunternehmen besitzen zum Teil Informationen, wie sie dem nationalen Staatsapparat völlig fehlen. Die Auswirkungen sind fatal: Nach innen werden die Möglichkeiten nationaler Planung und Besteuerung stark eingeschränkt[71], nach außen sind die Entwicklungsländer den dominanten inter- und transnationalen Akteuren hilflos ausgeliefert. Sie besitzen nur geringe Informationen über das gesamte Volumen und die Fluktuationen von Weltmarktpreisen, über Firmenkonkurrenzen oder über Investitionen und Gewinne multinationaler Wirtschaftskorporationen auf ihrem eigenen Territorium. Da auf diese Art und Weise sogar eine systemimmanente Optimierung des eigenen Nutzens beschränkt ist, können systemdurchbrechende Strategien noch viel weniger reflektiert werden.

Die Konzentration der wichtigsten Nachrichten in den von den Industriestaaten[72] beherrschten nationalen, internationalen und transnationalen Institutionen erfordert eine eigene Sammlung, Auswertung, Strukturierung und Speicherung von Daten im Bereich der Peripheriegesellschaften. Da es sich hierbei um langfristige und äußerst kostspielige Aktivitäten handelt, bieten sich internationale Organisationen der Peripheriegesellschaften für diese Arbeit geradezu an. Hier könnten die einzelnen nationalen Ansätze, wie sie bereits von manchen stärker entwickelten Peripheriegesellschaften (z. B. Brasilien und Indien) unvollkommen und isoliert eingeleitet wurden, koordiniert und ausgebaut werden. Ebenso denkbar wäre der Aufbau von Beratungsorganen, die Regierungen und Privatfirmen der Entwicklungsländer in ihrem Kontakt mit Wirtschafts- und Handelspartnern des »Nordens« unterstützen sollten. Die Hilflosigkeit der Peripherie hat bereits zu einem kräftigen Boom in der Entwicklung privater Beraterfirmen[73] geführt, deren Konzentration in den Industriegesellschaften jedoch kaum eine Basis für den Abbau bestehender Asymmetrien darstellt.

Mögliche Hilfestellungen der UN bei solchen Zielsetzungen lassen sich von einigen konkreten Fällen ableiten. So spielten das Department of Economic and Social Affairs und die Regionalorganisation für Lateinamerika (ECLA) Hauptrollen bei der Sammlung statistischer Daten und analytischer Studien für die Politik der Welthandelskonferenz. Erst auf der Grundlage dieser Arbeit konnte ein Gegenkonzept zur klassischen Freihandels-Theorie der Industriestaaten entworfen werden[74]. Der Regionalorganisation der UN für Afrika (ECA) wiederum gelang trotz der Spaltung ihrer Mitglieder in anglo- und frankophone, deren Interessen sehr unterschiedlich waren, eine bis dahin kaum für möglich gehaltene Koordinierung der afrikanischen Staaten auf den Welthandelskonferenzen; nur die asiatische Regionalorganisation erfüllte diese Funktion in vergleichsweise geringem Ausmaß. Daß diese Sammlungsaktivitäten in vorwiegend von Entwicklungsländern dominierten Gremien durchgeführt wurden, weist darauf hin, wie wirksam Organisationen der Peripheriegesellschaften für die Reorganisation der internationalen Kommunikationsstruktur eingesetzt werden könnten.

Ein wesentlicher Vorteil eigener internationaler Organisationen liegt auch darin, daß Sekretariate mit politischen und bürokratischen Diensten entstehen würden, die parteiisch für die Staaten der Dritten Welt eintreten könnten. Auch wenn das UN-Sekretariat in seinem Selbstverständnis und partiell auch in der Realität die Dritte Welt fördert, so impliziert der Zwang zur formalen Neutralität unter den Bedingungen oftmals extremer Asymmetrie de facto doch ein Bias zugunsten der Industriestaaten. Immerhin bilden die Inder in der Beamtenschaft des UN-Sekretariats eine der wichtigsten Cliquen, so daß sie geradezu als »Indian Mafia« tituliert werden[75]. Auch das beste vertikale Nachrichtensystem einer solchen informalen Struktur kann jedoch das starke Übergewicht der Beamten aus den Industriestaaten nicht wettmachen. Als hilfreicher sind schon spezielle unabhängige Dienste des Sekretariats einzuschätzen, die nur zur Unterstützung der Staaten der Dritten Welt bei der Beratung, Ausarbeitung und Verfassung von Anträgen und anderen politischen Aktivitäten da wären[76].

Der Vorteil eigener Sekretariate der Peripherienationen zeigt sich hingegen besonders im Falle der UNCTAD. Hier konstituierte sich, wenn auch von den Industriestaaten heftig kritisiert, kein neutrales Sekretariat. Die egalitäre Struktur und die Persönlichkeit R. Prebischs, des Vorsitzenden, erwiesen sich als günstige Voraussetzungen für die Entwicklung des UNCTAD-Sekretariats zum Interessenartikulator der Entwicklungsländer. Die herausragende Position Prebischs hatte jedoch auch ihre Schattenseiten: Als Artikulator progressiver Ideen und Normen ein dynamischer Faktor, wies er beträchtliche administrative Schwächen auf, so daß Rekrutierungs- und Organisationsdefekte auftraten und konkrete integrative Hilfestellungen, wie z. B. bei der Institutionalisierung eines Sekretariats der Peripheriegruppierung der 77 als Gegengewicht zur OECD, entweder unterblieben oder nicht genügend intensiviert wurden. Prebischs Nachfolger, M. Pérez-Guerrero, besitzt ein bürokratisches Image, Management-Eigenschaften und Vermittlungsgeschick; demgegenüber ging mit dem Führungswechsel der engagierte parteiische Impuls an der Organisationsspitze verloren.

Wenn von regionalen Integrationsabläufen in der Peripherie gesprochen wird, so ist, wie bei jeder Integration, auch ihr Sinn und Zweck zu reflektieren. Diese Tatsache wurde bisher von einer weitgehend unkritischen Integrationstheorie stark vernachlässigt[77]. Unter den gegenwärtigen Bedingungen im internationalen globalen System ist die Wahrscheinlichkeit groß, daß Zusammenschlüsse in der Dritten Welt sowohl zu einer Reorganisation der inter- und transnationalen Kommunikationsstruktur beitragen als auch Steuerungsprozesse der Metropolen effektiver gestalten können[78]. Das Mischungsverhältnis beider Komponenten und das Ausmaß dieser Widersprüche sind aber wohl nur empirisch von Fall zu Fall festzustellen. Eine stärkere wirtschaftliche und handelspolitische Zusammenarbeit unter den Peripheriegesellschaften sollte jedoch geeignet sein, zum einen die Abhängigkeit von Konjunkturschwankungen in einem einzigen Industriestaat abzubauen und zum anderen das Druckpotential des dominanten Industriestaates zu verringern. Die extreme Exportabhängigkeit, verschärft durch die Zentrierung auf vorrangig eine Metropole, führt zu sofortigen wirtschaftlichen, sozialen und politischen Katastrophen, wenn eine eventuelle »Unbotmäßigkeit« des Entwicklungslandes durch die Verringerung seiner Exportkontingente beantwortet wird. Daher scheint die »Risikoverteilung«[79] in den externen Beziehungen eines Entwicklungslandes eine geeignete Strategie zu sein, um den bestehenden Druck der dominanten Struktur zu senken. Bisher beträgt der gesamte Anteil der Entwicklungsländer am Import von Fertigprodukten im Bereich der Peripherie nur 7 %. Auch die transkontinentalen Beziehungen unter den Peripheriegesellschaften sind außerordentlich gering. Der Anteil der eigenen Region am Import von Fertigwaren aus Entwicklungsländern wird für Lateinamerika mit 69,4 %, für Asien mit 94,6 % und für Afrika mit 41,3 % angegeben. Afrika besitzt demnach die höchsten interkontinentalen Austauschbeziehungen, zumindest was die Importe betrifft[80]. Wichtige Barrieren für den stärkeren Ausbau intraperipherer Kommunikations- und Austauschbeziehungen sind (1) schwache interkontinentale Informationen über den Wirtschafts- und Handelssektor, (2) geringe Transportkapazitäten, besonders im Schiffsbereich, und (3) direkter oder indirekter wirtschaftspolitischer Druck zugunsten einer

Zementierung der gegenwärtigen »partikularistischen« Struktur. Unter diesen Bedingungen ist es für ein Entwicklungsland auch kaum möglich, innenpolitisch Produktionszweige zu fördern, die vor allem für den Export in andere Peripheriegesellschaften interessant wären.

Auf die Möglichkeit, durch internationale Organisationen Informationsrückstände aufzuholen, wurde bereits hingewiesen. Mindestens ebenso retardierend wie das Daten-»lag« wirkt das Transportproblem. Wie stark das Transportnetz dem Norden des globalen Systems verhaftet ist, zeigen folgende Zahlen: 65,3 % der Welthandelsflotte stammen aus den OECD-Ländern, nur 7,6 % und vor allem die älteren Bestände aus den Entwicklungsländern[81]. Gegen diese Dominanz der Reeder der Industriestaaten (besonders Norweger und Griechen), die vor allem die transkontinentalen, aber auch noch regionale Schiffahrtslinien zwischen den Peripheriegesellschaften monopolisieren, traten die Entwicklungsländer im UNCTAD-Rahmen zum politischen Kampf an. Ziel ist vorerst ein Verhaltenskodex für die Seeschiffahrtskonferenzen, also der Versuch über eine internationale Organisation transnationale Strukturen zu beeinflussen[82]. Da fast alle Industriestaaten gegen dieses Bestreben sind, erscheint ein Erfolg außerordentlich zweifelhaft. Die Ursache liegt wohl unter anderem auch darin, daß Transportstrukturen als eines der wichtigsten und daher am stärksten kontrollierten Herrschaftsinstrumente im internationalen System gelten[83]. Ob und wo auf diesem Sektor integrationskonforme Ansätze für die Peripherie identifizierbar sind, kann als relevante Fragestellung bezeichnet werden.

Beim wirtschaftspolitischen Druck seitens der Industriestaaten handelt es sich weniger um manifeste negative Sanktionen und ihre Androhung als vielmehr um die (meist berechtigte) Furcht der Entwicklungsländer vor dem Verlust positiver Sanktionen. So zeigte eine UNCTAD-Untersuchung, daß die Zentrierung auf einzelne Industriestaaten gefördert wird, indem nur den ehemaligen eigenen Kolonien Importe höherer Verarbeitungsebene zugebilligt werden[84]. Eine solche Präferenz-Politik behindert integrative Prozesse in der Peripherie ganz erheblich. Außerdem beobachtet man ein gewisses Zögern der

Industriestaaten bei weiterer Hilfe, sobald sie integrative Prozesse wahrnehmen und diese nicht von sich aus befürworten[85]. Internationale Organisationen der Peripheriegesellschaften könnten in einem solchen Fall mit größerem Prestige und politischem Durchsetzungsvermögen als einzelne betroffene Staaten Ressourcen mobilisieren, um eine koordinierte Entwicklungsförderung für die sich integrierende Gruppe zu ermöglichen. Zu denken wäre hierbei an die aktive Unterstützung von Zusammenschlüssen durch eine regionale Integrationsbank[86]. Die allgemeine Erfolglosigkeit regionaler ökonomischer Integration unter den Peripheriegesellschaften hängt sehr eng damit zusammen, daß keiner der bisher bekannten Ansätze eine regionale Investitionspolitik entwickelt und diese mit kompensatorischen Arrangements zur Bekämpfung ungleichgewichtiger Wachstumsprozesse in Einklang gebracht hat[87]. Unter dem Aspekt der Ausdifferenzierung komplexerer Regelungsinstrumentarien im internationalen System – einer allgemein zu beobachtenden Tendenz, auf die bereits hingewiesen wurde – ist es nicht unwahrscheinlich, daß die Weltbank eine solche Politik unterstützen würde. Diese Annahme setzt allerdings eine Abkehr vom bisherigen Verhaltensmuster der Weltbankgruppe gegenüber regionalen Zusammenschlüssen, wie es sich z. B. im Falle der lateinamerikanischen Freihandelszone niederschlug[88], voraus. Die Verweigerung von Ressourcen, ja sogar feindliche Reaktionen des Weltwährungsfonds spiegelten eine Einstellung der geschichteten UN-Organe wider, die spätestens Ende der sechziger Jahre auch weitsichtigeren Technokraten als inadäquat erschien. Eine Anhebung der globalen Problemlösungskapazität auf komplexerer Ebene impliziert geradezu die Förderung funktionaler und geographisch bestimmter Aggregationstendenzen.

Neben diesen Aufgabenbereichen, die mehr das Außenverhältnis der Peripherie zu den Industriestaaten betreffen, muß man auch auf interne Einflußmöglichkeiten der Sekretariate peripherer internationaler Organisationen hinweisen. Zu Beginn von Solidarisierungs- und Integrationsprozessen könnten sie technologische und politische Hilfestellung beim Abbau von Mißtrauen gegenüber dem bisher kaum bekannten Nachbarn leisten. Vor allem im Rahmen der Welthandelskonferenz ist zu beobachten, wie allergisch Peripheriestaaten gegen jeden Versuch der Führung oder auch nur strukturierender Hilfestellung seitens einer Delegation aus ihrer Mitte reagieren. Ein anderes Ziel wären Koordinationsaufgaben zwischen solchen Entwicklungsländern, die vorwiegend das gleiche Produkt exportieren. Auch wenn erste Versuche hierzu auf dem Erdöl- und Kupfersektor gescheitet waren[89], weist die Solidarität der arabischen Erdölproduzenten 1973 auf die Durchführbarkeit sublimer Kooperationsstrategien hin.

Erscheinen integrative Tendenzen unrealistisch, so wären sogenannte Projekt-Kooperationen zu protegieren: Mehrere Staaten verteilen unter sich eine bestimmte Anzahl von Industrien, deren Produkte freien Zugang zu den Märkten dieser Staaten haben. Eine solche restriktive Form der Integration kann besonders für Staaten attraktiv sein, die bereits einen relativ bedeutenden Industriesektor haben, ihn jedoch nicht mit dem Risiko einer vollen Integration belasten wollen[90]. Impulse für solche Zusammenschlüsse zu geben, wäre eine wichtige Funktion internationaler Organisationen der Peripherie, da die meisten Nationalstaaten dieses Entwicklungsstandes Chancen und Notwendigkeiten jenseits ihres engen Territoriums noch kaum wahrnehmen und damit die Perpetuierung des Status quo der Abhängigkeit fördern.

In der Tat scheint hierin ein Hauptproblem innovativer Umstrukturierung der internationalen Globalstruktur zu liegen. Ein hoher Grad technologischer und wirtschaftlicher Entwicklung stimuliert auch ein intensives Partizipationsverhalten an internationalen Strukturen. Auf dem transnationalen Sektor kommt noch die Existenz einer pluralistischen Ideologie hinzu[91]. Beide Faktoren sind jedoch in den Peripheriegesellschaften nur spärlich vorhanden. Die Schaffung internationaler und transnationaler Organisationen der Peripherie muß demnach auf die beiden wichtigsten funktionalen Stimuli verzichten und der politischen Motivation eines Kampfes um die gerechtere Verteilung von Lebenschancen entspringen. Von da her wäre es auch eine wichtige Aufgabe der Vereinten Nationen, selbständige oder autonome Organisationen der Peripherie zu unterstützen. So könnten zum Beispiel die regionalen UN-Organisationen stärker in die Entwicklungsförderung eingeschaltet werden. Sowohl Planungs- als auch Ausführungsaufgaben sollten ihnen übertragen werden, um so die Entwicklung peripherer Organisationen zu fördern[92]. Unter diesem Gesichtspunkt erhalten Dezentralisation und eventuell sogar geringere Effektivität der UN-Entwicklungspolitik eine neue Beurteilungsperspektive.

(d) Politische Aktivität und politischer Druck

Die para-parlamentarische Form des Verhaltens und der Auseinandersetzung in den Vereinten Nationen, wie sie vor allem für die GV und UNCTAD typisch sind, fördern das Entstehen transkontinentaler Oppositions- und Konfrontationsgruppierungen. Die Vertreter der Peripherienationen erlernen in diesem Milieu Handlungsweisen, die zum Bestehen in modernen politischen Systemen hoher Komplexität unerläßlich sind. Gemeint ist hiermit die Sammlung und Integration von Interessen, Fraktionsbildung, das Entwerfen und Durchführen politischer Strategien, Vermittlungs- und »bargaining«-Fähigkeiten und die bewußte Aktualisierung politischen Kampfes. Unter diesem Aspekt erscheint der momentane Erfolg bei der Durchsetzung bestimmter Resolutionen und Deklarationen von geringerer Bedeutung. Untersuchungen oder Kommentare, die den Wert und den Sinn der Weltorganisationen ausschließlich oder auch nur primär danach beurteilen, welche Ziele der Dritten Welt erreicht wurden, verkennen die Multifunktionalität politischer Systeme[93].

Es gibt nur wenige Arbeiten, die implizit oder explizit den Bereich des kognitiven und affektiven Lernprozesses der Dritten Welt in den internationalen Organisationen untersuchten. Die folgenden Ausführungen können nur in etwa den Rahmen abstecken.

Zwar garantieren die Artikulation von Interessen sowie der Zugang zu einem politischen Entscheidungssystem allein keineswegs auch schon Einfluß auf seine Resultate; mangelnde Artikulation der eigenen Interessen verhindert jedoch jegliche Realisierungschance[94]. Das UN-System bietet innerhalb seiner Strukturen zahlreiche institutionalisierte und informale Prozeduren, die es den Peripheriegesellschaften ermöglichen, Ziele, Interessen und Forderungen nachdrücklich zu formulieren. R. S. Walters weist unter besonderer Berücksichtigung von UNCTAD darauf hin, daß es den Peripheriegesellschaften gelang, ihre Interessensartikulation, die zuvor latent, diffus, partikular und affektiv gewesen ist, manifest, spezifisch, allgemein und instrumental zu gestalten[95]. Diese Veränderung betrifft nicht marginale Stilprobleme, sondern steigert die Organisationsfähigkeit von Interessen. Erst auf dieser Grundlage lassen sich komplexe Interessen auch aggregieren.

Die Bemühungen um eine transkontinentale Interessensammlung unter den Peripherienationen gehen bereits auf die Mitte der fünfziger Jahre zurück. Auf den Konferenzen von Bandung und dann später in Belgrad, Kairo und Lusaka versuchten die führenden Staaten des Non-Alignment eine gewisse Interessenkonvergenz der Dritten Welt herzustellen[96]. Als Katalysator jener Aktivitäten kann der Ost-West-Konflikt in seiner damaligen Virulenz bezeichnet werden. Das Oszillieren zwischen einer proamerikanischen und einer prosowjetischen Haltung in der Tagespolitik vermochte zwar an der Position der Entwicklungsländer in der internationalen Schichtungsstruktur nichts zu ändern, doch stimulierte es hin und wieder nicht unbeträchtliche Zuwendungen der beiden konkurrierenden Supermächte. Doch selbst diese vordergründigen Hilfeleistungen versiegten allmählich, als das Spannungsvolumen des Ost-West-Gegensatzes im Verlauf der sechziger Jahre abgebaut wurde. Die Peripherienationen standen einer partiellen Interessenkonvergenz der kapitalistischen und sozialistischen Industriestaaten gegenüber, die den ökonomischen und politischen Nutzen eines Hin- und Herpendelns zwischen den Supermächten vollends obsolet werden ließ. Die Aufmerksamkeit der jungen Staaten wandte sich dementsprechend der Entwicklung neuer Instrumente[97] zu, wobei von einer Konfrontation mit dem relativ einheitlichen »Norden« ausgegangen werden mußte.

Im Rahmen der Welthandelskonferenz gelang es der »Gruppe der 77«[98] unter 96 Staaten eine gewisse Kohäsion zu schaffen. Trotz zahlreicher unterschiedlicher Interessen, die sich eher gegenseitig verstärkten als dämpften, erarbeiteten diese Staaten eine gemeinsame Position gegenüber den Industriestaaten. Die Hauptkonfliktlinien in diesem Staatenaggregat verliefen zwischen den afrikanischen Assoziierten der EG einerseits sowie den anderen Staaten andererseits; ebenfalls zwischen den entwickelteren und den weniger entwickelten Peripheriegesellschaften. So werden zum Beispiel die lateinamerikanischen Staaten von den Afrikanern als internationale Mittelschicht mit eigenen differenzierten Interessen angesehen. Als gemeinsame Formel wurde die Unterstützung eines generellen Präferenzrahmens und dafür auch spezieller Maßnahmen für die ärmsten der Entwicklungsländer erarbeitet, was den Verlust gewisser Sonderregelungen kompensieren sollte[99]. Anhand eines Kriterienkataloges wurden 25 Staaten – 8 aus Asien und dem Nahen Osten, 16 aus Afrika und einer aus Lateinamerika – in die Gruppe der am wenigsten entwickelten Länder mit dem Anrecht auf besondere Zuwendungen eingereiht. Die Geschlossenheit der Peripherienationen auf der 3. Welthandelskonferenz 1972 war beeindruckend. In den Vorkonferenzen von Bangkok und Lima hatten sie eine gemeinsame Plattform erarbeitet und ihre Kohäsion weiter gestärkt[100]. Dieser Trend zwingt die Industriestaaten, sich auch ihrerseits zunehmend abzusprechen[101].

Ein wesentliches Merkmal des modernen Imperialismus ist die Integration großer Teile der Peripherie-Eliten in eine Art internationale Gesellschaft mit einer spezifischen, von den Industriestaaten geprägten Kultur und mit gemeinsamen politischen, kulturellen, ökonomischen und wissenschaftlichen Werten. Obwohl sich diese Führungsschichten modernen Entwicklungsanforderungen gegenüber responsiver erweisen als die traditionalen Eliten, sind auch sie nicht in der Lage, innovative Strategien für ihre Gesellschaften zu konzipieren und durchzusetzen. Ihre Sozialisation in die vorwiegend kapitalistische Industriegesellschaft absorbiert weitgehend die Kristallisation eigenständiger Motivationen[102], fördert asymmetrische Wachstumsprozesse in der Peripherie zugunsten der Oberschicht sowie akkulturierter Gesellschaftsstrukturen[103] und reduziert die Partizipationschancen der Massen. Neuere empirische Untersuchungen haben gezeigt, daß periphere politische Systeme mit einer ausgeprägten Neigung zur Integration in das kapitalistische transnationale Beziehungsgeflecht nur selten demokratischen Werten folgen[104]. Eine Befragung von brasilianischen Wirtschaftsmanagern in ausländischen und unabhängigen Firmen ergab bei jenen ein elitäres, bei diesen ein partizipationskonformes Demokratieverständnis[105]. O. Sunkel folgert aus solchen Faktoren eine fortschreitende Dichotomisierung der Peripheriegesellschaften in einen kleinen international orientierten und mitprofitierenden Sektor und einen großen marginalisierten Teil, der ausgebeutet wird[106]. Unter diesen Vorzeichen erhält die Entwicklungspolitik vieler Peripherie-Eliten einen dysfunktionalen Charakter, da sie weitgehend dazu dient, die gesellschaftliche Stratifikation in den einzelnen Peripherienationen zu verschärfen. Träfe eine solche Interpretation für die Gesamtheit der Peripherie-Eliten zu, so wäre auch die UN-Entwicklungspolitik gleichzusetzen mit einem Reproduktionsinstrument des globalen imperialistischen Systems.

Die breite Variabilität verschiedener Einstellungen, Perzeptionen und Verhaltensweisen unter den Vertretern der Peripheriestaaten und der Zwang zur Aggregation gemeinsamer Interessen auf einer höheren übernationalen Ebene fördern hingegen das Emanzipationspotential der Entwicklungs- und Redistributionspolitik im UN-System. Die Aktivierung einer transkontinentalen Entwicklungspolitik der Peripherienationen setzt einen Austausch und einen oft konkurrierenden Vergleich der Entwicklungsstrategien einzelner peripherer Systeme voraus. Dadurch wird auch die bisherige Abschottung der Peripheriegesellschaften untereinander vermindert. Eine »absichtliche« Apathie herrschender Klassen in einem System kann die Wirksamkeit einer aggregierten Entwicklungspolitik hemmen und setzt sich dadurch der Prüfung der anderen Staaten aus. Ganz in diesem Sinne ist S. Allendes Kritik an der Untätigkeit der Entwicklungsländer, ihrer Uneinigkeit und Schwäche zu verstehen. So artikulierte er gegenüber anderen Peripherie-Eliten sogar den Vorwurf der Agentenfunktion für die kapitalistische Ausbeutung ihrer Gesellschaften[107]. Auf die Dauer gesehen könnte sich daraus ein horizontaler Druck auf innovationsfeindliche Eliten ergeben: Neben vertikalen Einflüssen, z. B. revolutionärer oder reformerischer Subsysteme der eigenen Gesellschaft, treten immer stärker auch Forderungen aus innovativeren Nachbarstaaten oder internationalen Organisationen der Peripherie auf. Unter den Arbeiten über die Außen- und Entwicklungspolitik der Peripheriestaaten sind Untersuchungen der horizontalen Kommunikation außerordentlich rar. Die Konzentration auf diesen Problembereich könnte Aufschlüsse über Möglichkeiten, Grenzen und Barrieren solidarischen Handelns der Peripherie abgeben.

Als Nebeneffekt konfliktdämpfender Verhaltensweisen der Supermächte in der Phase einer explosiven Systemkonkurrenz vollzog sich die Einbeziehung der Dritten Welt in die Entscheidungsstruktur des UN-Systems. Da ihr Abstimmungsverhalten im Ost-West-Konflikt seit der Mitte der fünfziger Jahre zunehmend von den Supermächten als Maßstab für Erfolg oder Mißerfolg der eigenen Politik angesehen wurde, stieg auch ihre politische Relevanz. Das Prinzip des »one man – one vote«, bezogen auf nationale Einheiten, wurde so zum kaum noch bestrittenen Dogma der internationalen politischen Kultur. Als die Hauptaktivität der Vereinten Nationen aus dem Sicherheitsrat in die »egalitäre« Generalversammlung verlagert wurde, verstärkte sich diese Entwicklung[108]. Die para-parlamentarische Konfliktaustragung im Ost-West-Konflikt förderte die Herausbildung spezifischer Vermittlungs- und »bargaining«-Funktionen, die nur von »nahestehenden« oder »neutralen« Staaten, nicht jedoch von unmittelbaren Allianz- bzw. Blockmitgliedern wahrgenommen werden konnten. In einem Modifikationsprozeß extremer Standpunkte, die von den beiden konkurrierenden Blöcken eingenommen wurden, übernahmen die Staaten der Dritten Welt die Strukturierung der Debatten durch konfliktreduzierende Initiativen, Alternativvorschläge, Resolutionsentwürfe und Zusatzanträge. Hierbei gelangten sie oft in eine strategische Position, in der sie Problemkomplexe definierten und eigene Einstellungen dazu erläutern konnten sowie überkommene formale Normen des internationalen Systems erweiterten und den veränderten Umweltbedingungen anzupassen versuchten[109]. Der eigentliche »bargaining«-Prozeß vollzieht sich hinter den Kulissen der Organisation und erfordert ein Höchstmaß an Kommunikationsbereitschaft und Verhandlungsgeschick. Es ist anzunehmen, daß die jahrelange Übung in solchen Verhaltensweisen diplomatische und politische Kapazitäten schafft, die auch für eigene Ziele und Interessen der Peripherie einzusetzen wären. Organisationssoziologische Untersuchungen haben gezeigt, daß Partizipation Kompetenzerweiterung begünstigt sowie die Wahrnehmung von Informationen auf höherem systemischen Niveau verbessert[110]. K. Jacobsen verwendete zur Messung von Partizipationsraten im UN-System die Patenschaft von Resolutionsanträgen. Trendberechnungen ergaben hierbei, daß das Aktivitätsübergewicht der politisch mächtigen Akteure immer mehr zugunsten der kleineren und jungen Staaten schwindet. In der Antragsaktivität neigt das UN-System zu einer nord-südlichen Symmetrie[111]. Eine neuere Untersuchung differenziert zwischen Antragsinitiative und Partizipation an Resolutionsanträgen und -debatten. Mißt man den Wandel beider Indikatoren in einem zweidimensionalen Feld (Ost-West- und Nord-Süd-Dimension), so tendieren beide in »südöstliche« Richtung, die Partizipationsvariable stärker zum Süden hin[112]. Es ist daher generell festzustellen, daß in den Vertretungsgruppen der Dritten Welt eine neue Funktionselite entstand, die im UN-System gut sozialisiert zu Anwälten der Unterentwickelten wurde und aktiv eine Konfrontation mit den Industriestaaten betreibt[113].

2. Elemente des Schichtungswandels

Nach der Diskussion der Schichtungsstruktur innerhalb und außerhalb internationaler Organisationen wurde versucht, einige Komponenten der Funktion darzustellen, die die Vereinten Nationen zur Reorganisation dieser Beziehungsmuster besitzen. Wenn es ein legitimes wissenschaftliches Ziel ist, den Bereich internationaler und globalgesellschaftlicher Strukturen auf mögliche Ansätze zu einer zuvor definierten Veränderung abzutasten, so muß man sich andererseits davor hüten, utopischen Visionen anheimzufallen. Innovative Reflexionen haben sich auf der einen Seite gegen den Fatalismus der Realität und auf der anderen Seite gegen den Idealismus utopischer Gesellschaftsmodelle abzusetzen. Es erscheint daher angebracht, Zielsetzung und bisherige konkrete Realisierung miteinander zu vergleichen.

Kann man, ausgehend von den vorgegebenen Bedingungen des internationalen Systems, von gewissen Erfolgen der Organisationskapazität der Dritten Welt im UN-System sprechen? Das zweifellos auffälligste, wenn auch – wie wir noch zeigen werden – nicht primäre Kriterium für diese Beurteilung ist der Redistributionskomplex, also die Entwicklungsförderung. Offensichtlich scheint die Unterstützung weniger entwickelter Gesellschaften durch relativ weit entwickelte zu einem Wert der politischen Kultur der Globalgesellschaft geworden zu sein. Die normative Fixierung dieses Wertes hingegen ist bereits ein Gegenstand des Nord-Süd-Konflikts.

In der Auseinandersetzung zwischen Zentrums- und Peripherienationen gelang es der Dritten Welt in der Generalversammlung 1960 erstmals einen Eckwert als Empfehlung für das Volumen der Hilfe politisch durchzusetzen: 1 % vom aggregierten Volkseinkommen aller entwickelten Staaten sollte der Entwicklungsförderung dienen. Die 2. Welthandelskonferenz legte dieses Ziel 1968 erneut fest: Diesmal war es 1 % vom Bruttonationalprodukt, was einer Aufstockung von etwa 25 % gleichkommt. Zwar ist es nicht möglich, einen Staat zur Einhaltung eines solchen Satzes zu zwingen, doch erhielt die Entwicklungsförderung durch diese moralische und politische Verpflichtung einen neuen Stellenwert in den internationalen Beziehungen[114]. Schon die Existenz dieser Fixierung setzt heute der Willkür in der Entwicklungspolitik gewisse Grenzen. Andererseits ist die Gefahr einer »funktionalistischen« Deutung dieses Aktes nicht zu übersehen: Die Annahme, daß sich dieses Prinzip in einem globalen ethisch-sozialpolitischen Besteuerungsgrundsatz auf der Basis »ökonomisch-sozialer Gerechtigkeit« ausweiten würde, bleibt bestenfalls Orientierungspunkt[115] eines »realen Utopia«. Als solcher allerdings scheint er geeignet, Kriterien zur Verfügung zu stellen, anhand deren Fernziele politischer Strategien reflektiert werden können. So wäre ableitbar, daß die Entwicklungshilfe eine Leistung darstellt, die im global-gesellschaftlichen Interesse liegt, keine spezifische Gegenleistung erwarten läßt und daher auch nicht nach individualen Vorteilen oder Kosten bemessen werden kann[116]. Entwicklungsförderung dürfte daher auch keine speziellen Geber-Empfänger-Beziehungen berücksichtigen; sie sollte anonym und universal durchgeführt werden. Daher wird eine so begründete normative Position den Trend der Ausdifferenzierung spezifischer multinationaler Instrumentarien, der auch eine Verlagerung der bilateralen Hilfe in multilaterale Strukturen hinein impliziert, unterstützen können. Ein weiterer Punkt wäre die Bemessung der Hilfeleistungen analog zur progressiven Besteuerung von Individuen. Auch wenn »Steuerbeiträge« nationaler, inter- und transnationaler Akteure sowie nationaler Subsysteme zu einem Entwicklungshilfe-Pool der Vereinten Nationen kaum realisierbar erscheinen, so könnte die gegenwärtige Entwicklungshilfe doch einigen konkreten Steueraspekten gemäß ausgerichtet werden[117].

Die realen Daten der Entwicklungsförderung tragen hingegen zu einer starken Ernüchterung bei. Auf die Perpetuierung bestehender Statusdiskrepanzen aufgrund struktureller Gegebenheiten im internationalen globalen System ist bereits hingewiesen worden. Doch wird nicht nur der niedere Rang der Peripherienationen aufrechterhalten, die Diskrepanz der Lebensqualität zwischen entwickelten und weniger entwickelten Gesellschaftsbereichen wird sogar weiter ausgebaut. So hat das Ein-Prozent-Ziel der Entwicklungsförderung in absehbarer Zeit kaum noch eine Realisierungschance; im Gegenteil fiel der prozentuale Anteil zwischen 1968 und 1970 von 0,78 % auf 0,74 %. Das Abklingen des Kalten Krieges, Krisen im Weltwährungssystem, Offenlegung von Dysfunktionen in der Entwicklungspolitik zahlreicher Peripheriegesellschaften u. a. m. reduzierten die Motivation zahlreicher Industriestaaten zur aktiven Hilfeleistung. Auch die Verteilungskriterien widersprechen jeder Beurteilung der Bedürftigkeit, wie R. Eder in einer statistischen Auswertung nachweisen konnte[118]. Politische Argumente und das sehr willkürliche Einschätzungskriterium der sogenannten Kapitalaufnahmefähigkeit[119] dominieren nach wie vor die internationale Redistribution.

Unter diesen Bedingungen tragen Dysfunktionen der technologischen und sozio-ökonomischen Entwicklung zu einer weiteren Verschärfung der Abhängigkeit bei. Wieweit Prognosen über den Bevölkerungsdruck im Globalsystem zu Katastrophenmeldungen berechtigen, ist zwar stark umstritten, doch macht eine regionale Betrachtungsweise dieses Problems auf wichtige Konsequenzen aufmerksam. Aufgrund der drastisch zunehmenden Population in den Entwicklungsländern wird ihre Abhängigkeit von Nahrungsmittel- und Düngemittel-Importen steigen[120]. Außerdem wirkt sich der Bevölkerungs-Ressourcen-Technologie-Komplex immer kritischer aus. Schnelles Bevölkerungswachstum stellt eine schwere Belastung für den Lebensstandard dar. Um ihn auf dem gleichen Niveau zu halten, muß das Nationaleinkommen bereits bei einem Wachstum der Bevölkerung von einem Prozent um vier Prozent steigen[121]. Würden sich die Peripheriegesellschaften nach dem Vorbild der Industriegesellschaften entwickeln, so stiege der Energie- und damit Ressourcenbedarf in phantastische Dimensionen. Auch wenn es nicht zu Knappheitsproblemen käme, so würden finanzielle und Umweltkosten das globale Konfliktpotential weiter erhöhen und die Dependenz verschärfen[122].

Auf dem Entwicklungsniveau der Industriegesellschaften resultieren aus der Umweltfrage ebenfalls ernste Barrieren für die internationale Redistribution. Die Umweltpolitik der Industriestaaten kann die Handelsposition der Peripheriegesellschaften beeinflussen, die Entwicklungsförderung beeinträchtigen und den Technologie-Transfer umgestalten[123]. Da eine umweltfreundliche Produktion nicht ohne hohe finanzielle Auflagen durchzusetzen sein wird, besteht die Gefahr, daß neoprotektionistische Maßnahmen zum Schutz der Konkurrenzfähigkeit erlassen werden könnten. Was das für die ohnehin beschränkten Exportmöglichkeiten der Peripheriegesellschaften hieße, liegt auf der Hand. Hinzu kommt, daß die Steigerung der Maßstäbe für Umweltfreundlichkeit aufgrund geringer finanzieller und technologischer Mittel die Verkaufschancen von Entwicklungsländer-Produkten weiter sinken läßt. Ebenso ist zu befürchten, daß die zu erwartenden Summen für den Umweltschutz in den Industriestaaten primär die Budgets der Entwicklungsförderung belasten werden. Auch die Vergabe weiterer Mittel an die Peripheriegesellschaften unter dem Gesichtspunkt des Umweltschutzes, wie er in den Metropolen verstanden wird, kann Einschränkungen nach sich ziehen. So hat der Weltbankpräsident bereits umweltkonforme Konsequenzen für die Finanzierung von Projekten in den Entwicklungsländern angekündigt[124], was zwar auch positiv zum Schutz der Bevölkerung interpretierbar ist, auf der anderen Seite jedoch kostenerhöhende Folgen nach sich zieht. Alle diese Faktoren, die in den kommenden Jahren sehr konkret werden dürften, fördern in der Dritten Welt Furcht und Skepsis gegenüber den Industriestaaten. Bezeichnend hierfür ist der Sarkasmus des Vorwurfs, die Dritte Welt solle unter dem Vorzeichen einer neuen Mythologie rousseauscher Prägung zu einem riesigen Krüger-Park umgewandelt werden[125]. Für das nächste Jahrzehnt zeichnet sich in diesem Problembereich eine neue Konfliktfront ab. Ein vordringliches Ziel der Peripheriegesellschaften wird es sein, die in der Generalversammlung anerkannte Integration von Umweltfrage und Entwicklungspolitik[126] auch in der Realität politischer Entscheidungen durchzusetzen.

Dieser notwendigerweise kurze Überblick über den Stand und die Zukunftsperspektive der Entwicklungsförderung läßt unschwer erkennen, daß der redistributive Sektor kaum Ansatzpunkte zur Reorganisation der internationalen Strukturen enthält. Dennoch sollte ein solches Resultat nicht mit der totalen Ablehnung der Entwicklungsförderung, wie sie in der radikal-kritischen Literatur[127] üblich ist, identifiziert werden. Einerseits wäre es eine ungerechtfertigte Verkürzung der Problemlösung, solange nur die Utopie einer revolutionären Gewalt-Alternative angeboten wird; andererseits müßte zunächst gründlicher untersucht werden, ob und welche Entwicklungsförderung autonome Prozesse in der Peripherie fördert. Trotz dieser Einschränkung sollte jedoch offen ausgesprochen werden, daß auch eine relativ positiv eingeschätzte Hilfe nur Symptome bekämpft, ohne die Pathologie selbst ernsthaft zu tangieren; ja es besteht sogar die Gefahr, daß sie den Problemlösungsprozeß verlangsamt, wenn nicht gar hemmt, weil von den grundlegenden strukturellen Ursachen abgelenkt wird.

Immerhin lassen sich aber einige relevante Strukturveränderungen innerhalb der Vereinten Nationen feststellen, die ohne die Aktivität der Dritten Welt kaum vorstellbar wären. So soll im folgenden (a) die Ausdifferenzierung und Komplexitätserweiterung redistributiver Organe und (b) die Erweiterung der Partizipation an den Entscheidungsprozessen des UN-Systems behandelt werden.

(a) Ausdifferenzierung des Redistributionskomplexes

Nach der Charta der Vereinten Nationen besitzt der Wirtschafts- und Sozialrat (ECOSOC) eine primäre Zuständigkeit für den wirtschaftlichen Bereich des Systems: Er hat die Funktion der Problemlösung in der Weltwirtschaft. Damit wird er zu einem der Hauptinstrumente der Reallokation von Werten und trägt politisch zur »kollektiven Legitimierung« des UN-Systems bei[128]. In der Nachkriegsära interpretierten die herrschenden Kräfte des Systems diesen Auftrag so, daß das Wirtschaftswachstum und die Vollbeschäftigung der Industriestaaten zu den dominanten Topoi der ECOSOC-Agenden wurden. Während des Kalten Krieges geriet der ECOSOC in die sozialistisch-kapitalistische Konfrontation. Moskau benutzte ihn zu Angriffen auf die »kapitalistischen UN-Organe«[129], die es boykottierte. Erst mit dem Eintritt der Peripheriestaaten in die Vereinten Nationen gewann der ECOSOC an politischer Relevanz für das Globalsystem. Hier prallten erstmals die wirtschaftlichen Ziele und Argumente des Nordens und Südens aufeinander. Das Resultat war ein Klima der Frustration[130]. Die Typologie dieser Konfrontation hat sich zum Teil bis heute erhalten. Die westlichen Staaten und Generalsekretär Dag Hammarskjöld befürworteten eine Konzentration auf wenige selektierte Probleme, um die Effektivität des Systems zu steigern. Damit verknüpft war eine Technologisierung der ECOSOC-Arbeit, die die sachliche Inkompetenz vieler Delegierter aus der Dritten Welt offenlegte. Auf der anderen Seite beobachteten diese wiederum mißtrauisch die politische Rigidität und das technokratische Verhalten der Industriemächte sowie ihr Bestreben, redistributive Funktionen im Sinne einer Aufrechterhaltung des Status quo teils bewußt, teils unbewußt verkürzt zu interpretieren. Demgegenüber bemühten sich die jungen Staaten, den Komplex asymmetrischer Entwicklung der Gobalgesellschaft in seinem vollen Umfang zu erfassen. Die Konzentrationsstrategien der Industriemächte hemmten jedoch dieses Bestreben. 15 Jahre später sind es fast die gleichen Vorwürfe, die bei der Behandlung der Umweltfrage auftauchen: das Ziel der Industriestaaten, politisch virulente und sozio-ökonomisch fundierte Probleme durch Experten auf technokratische Art und Weise lösen zu wollen[131].

Dennoch vermochten die Industriestaaten das Wachstum der generellen Wahrnehmungskomplexität der Vereinten Nationen nicht zu verhindern. Ebenso wie beispielsweise die Definitionsversuche des Aggressionsbegriffs auf der militärpolitischen Ebene zunehmend politische und ökonomische Variablen zu integrieren hatten[132], wurden die Determinantenkategorien auch im redistributiven Bereich ständig erweitert. Während die westlichen Industriestaaten ihre Vorherrschaft in den redistributiven Organen zu wahren suchten[133] und mit Effizienzaspekten ihre verkürzte Perspektive verteidigten, verfolgten die Sowjets eine antizipatorische Strategie. Mit dem Stichwort einer »internationalen Organisation zur Zusammenarbeit im Bereich des Handels« formulierte die UdSSR bereits in den fünfziger Jahren jene Forderung, die für die Dritte Welt zur zentralen Frage wurde[134]. Daneben wünschten die Peripherienationen einen Kapitalentwicklungsfonds (SUNFED) innerhalb des engeren UN-Systems, um einerseits mehr Mittel zu erhalten, andererseits jedoch auch, um eine größere Rolle bei der Determinierung der Verteilungskriterien zu spielen[135]. Angestrebt wurde also ein konkurrierendes Organ zur Weltbank. Dieses Verhalten der Peripherienationen reflektierte bereits ein nicht zu unterschätzendes strategisches Bewußtsein. So versuchen gegnerische Parteien Ort und Instrumentarien eines Konflikts so anzulegen, daß sie einen möglichst günstigen Einfluß auf das Resultat haben[136]. Aus diesem Grunde bevorzugten die Industriestaaten die Weltbankgruppe, die Peripherienationen die Generalversammlung sowie weitere egalitäre Organe, die notfalls noch zu gründen wären.

Auf dieser Ebene fanden die Entwicklungsländer auch die Unterstützung des sozialistischen Staatenblocks sowie einiger kleinerer Staaten, wie der Niederlande und der Skandinavier. Eine solche Koalition stimulierte antizyklische Reaktionen der westlichen Industriemächte: Durch die Gründung zweier spezifischer Entwicklungsorgane im Weltbanksystem (IFC und IDA) und eines kleinen UN-Sonderfonds für die technische Hilfe im Bereich des Prä-Investments sollte der Druck der Peripherie neutralisiert werden. Die Programme der UN-Entwicklungsdekaden fächerten das Entwicklungsproblem jedoch in seiner Multidimensionalität auf und zeigten, daß die Beschäftigung mit wirtschaftlichen und sozialen Fragen nur Symptome tangiert, das Gesamtphänomen aber aus einem Aggregat machtpolitischer, wirtschaftlicher, fiskalischer, demographischer und kultureller Variablen besteht. Über diese Erweiterung des psychologischen Milieus[137] erhöhte sich der Umweltstreß für das UN-System[138].

Der perzeptive Impuls wurde durch die ambivalente Konstellation der Supermächte und die zunehmende Organisations- und Einflußkapazität der Dritten Welt politisch intensiviert. Unter diesen Anstößen erfolgte eine komplexitätskonforme Rekonstruktion des redistributiven Instrumentariums[139]. Zwei Komponenten verdeutlichen diesen Prozeß: zum einen die Ausdifferenzierung neuer Organe, wie UNCTAD, UNIDO und nach jahrelangem Kampf 1966 auch eines Kapitalentwicklungsfonds (UNCDF)[140] im engeren UN-System sowie die daraus resultierende Dezentralisation des redistributiven Aufgabenfeldes einschließlich geographischer Dispersion der Organe, zum anderen die Machtverschiebungen innerhalb der Redistributions-Institutionen zugunsten der Dritten Welt[141].

Die Ausdifferenzierung egalitärer Redistributionsorgane kann in bezug auf ihren Erfolg unterschiedlich interpretiert werden. Doch kommt es hierbei auf die Breite der Beurteilungsperspektive an. Die Gründung des UNCDF erwies sich eindeutig als Fehlschlag. Zwar vermochten die Industriestaaten seine haushaltsrechtliche Verankerung im UN-System und damit Sicherung dieser Organisation nicht zu verhindern, der anschließende Boykott hingegen offenbarte die Tatsache eines Pyrrhussieges der Entwicklungsländer um so krasser. Selbst die Unterstützung der UdSSR und ihrer Verbündeten blieb, wie so oft, verbal. Doch kann man aufgrund dieses Falles die Strategie des Ausweichens vor stark geschichteten auf egalitäre Organe nicht generell verwerfen. Es ist vielmehr notwendig, die Ausdifferenzierung neuer Organe als Funktion der Organisierung und Aggregierung von Widerstand gegen die geschichteten Institutionen zu beurteilen. Die Peripherienationen besitzen aufgrund der Regelungen der Abstimmungsmodalitäten in geschichteten UN-Organen keine, oder wenn, dann nur marginale Artikulations- und Handlungsmöglichkeiten. Erst der repräsentative Auftritt en masse, das motivierende Klima der Solidarisierung und die anderen, bereits erwähnten Handlungsfelder, die z. B. UNCTAD stimuliert, besitzen eine katalysierende Wirkung auf die Kristallisation politischen Widerstands.

Dementsprechend reagierten die führenden Industriestaaten mit Obstruktion, Boykott oder manifesten Gegenaktionen[142]. Der Versuch der USA, im UNCTAD-Rahmen die qualitative Aufhebung des Egalitätsprinzips zu erreichen, scheiterte an der solidarischen Mehrheit der Entwicklungsländer. Die Führungsmacht im internationalen System wurde aufgrund ihrer rigiden Interesseninterpretation im ökonomisch-politischen Bereich[143] auf den ersten Welthandelskonferenzen in eine totale Isolation getrieben[144] und förderte damit indirekt das Entstehen von Konfliktperzeptionen unter den Vertretern der Peripherie.

Nach einer gewissen Konsolidierung der egalitären Organe und aufgrund ihrer zunehmenden Aktivitäten begannen die herrschenden Industriestaaten flexibler zu reagieren. So ist es möglich, erste Erfolge von UNCTAD außerhalb der eigenen Reihen der Entwicklungsländer in einer gestiegenen Elastizität und Aufgeschlossenheit der Industriestaaten gegenüber den Organen der Peripherienationen zu beobachten. UNCTAD erreichte beispielsweise eine stärkere Differenzierung in der Personalauswahl der Verhandlungspartner. In die meisten UN-Organe pflegen Delegierte der Industriestaaten entsandt zu werden, die aus den allgemeinen Abteilungen der Außenministerien kommen und eine Vielzahl von Routineaufgaben wahrnehmen. Neuerdings werden die nationalen Delegierten für die Redistributionsverhandlungen vorwiegend aus den Büros rekrutiert, die für die Formulierung der nationalen Handelspolitik zuständig sind[145]. Doch auch die geschichteten Organisationen bemühten sich, verhärtete Fronten abzubauen. Der IMF reagierte mit einem liberaleren Zugang zu seinen Ressourcen[146] und die OECD schloß ein Präferenzabkommen mit den Entwicklungsländern, das mit Hilfestellung der UNCTAD-Dienste zustande kam. Auch andere internationale Gremien widmeten sich den Belangen der Entwicklungsländer stärker, als dies ohne den Druck der Welthandelskonferenz zu erwarten gewesen wäre[147]. Welche Auswirkungen die UNCTAD-Aktivitäten haben, zeigte sich jedoch am deutlichsten darin, wie stark der Bericht der Pearson-Kommission über die Entwicklungshilfe Forderungen und Hinweise der UNCTAD-Dienste integriert hatte[148]. Auch wenn man den Pearson-Bericht generell kritisiert, wie dies weiter oben bereits geschah, so sind ihm deutliche Optimierungsintentionen nicht abzusprechen. Hier manifestiert sich ein perzeptiver Wandel der Weltorganisation, der ohne das Anwachsen von Druckpotentialen auf seiten der Dritten Welt kaum in diesem Ausmaß vorstellbar wäre.

Aus dieser Sicht gewinnt die Ausdifferenzierung der Entwicklungsorgane aus dem ECOSOC- und Weltbank-Bereich an politischer Relevanz. Schon anhand von UNCTAD läßt sich zeigen, wie die strukturelle Ausgliederung und geographische Verlegung nach Genf die organisatorische, intellektuelle, politische und administrative Verselbständigung der Peripherienationen auf dem internationalen Parkett gestärkt hat. Das Bedauern von Überschneidungen und Ineffektivität in der Redistribution des UN-Systems, die den Entwicklungsländern angelastet werden[149], versäumt in der Regel die Überprüfung der Dependenzproblematik und erkennt somit auch nicht den Stellenwert der Ausdifferenzierung für eine weitergehende politische Strategie. Diese aber betrifft die Partizipation an den Entscheidungen des UN-Systems.

(b) Partizipation

Politische Systeme mit einer hohen Konzentration systemischer Entscheidungsprozesse auf ihre Führungsgruppe neigen dazu, Kontrollmechanismen gegenüber Aktivitäten der Konsensusbildung den Vorzug zu geben. Organisationssoziologische Untersuchungen haben daraus die Tendenz zu routinärem Problemlösen abgeleitet: Mangelhafter Informationsbezug aufgrund wachsender Unsicherheit und Inkompetenz der Systemteile reduziert die Problemlösungskapazität der Entscheidungseinheit und fördert wiederum eine noch intensivere Steuerung[150]. Dieser Kreislauf kann nur durch eine stärkere Beteiligung, also Partizipation, der Systemmitglieder an den Entscheidungen des Gesamtsystems durchbrochen werden. Andererseits reduziert eine solche Einbeziehung von Subsystemen in den Entscheidungsvorgang auch die Schichtung, da Interessen und Förderungen aus den unteren Teilen der Schichtungspyramide mitberücksichtigt werden müssen.

Im UN-System konsolidierten zunächst die Siegermächte von 1945 ein »Großmachtkonzert« bei eindeutiger Dominanz der beiden Supermächte. Als sich jedoch zwischen diesen ein Herrschaftskonflikt manifestierte und 15 Jahre lang als Kalter Krieg die Interaktionsmuster des globalen internationalen Systems bestimmte, zeigte sich mit aller Deutlichkeit, daß das System nur *ein* Entscheidungszentrum besaß[151].

Die Hegemonie der USA prägte das System der Vereinten Nationen bis zur Mitte der fünfziger Jahre, als sich militärstrategische und sozio-ökonomische Veränderungen in der internationalen Umwelt politisch auszuwirken begannen. Den Wandel der UN-Struktur zwischen 1955 und heute kann man mit Hilfe einiger Modelle erklären. Das Aufholen der UdSSR im Bereich der Waffensysteme sowie die frühe Aktivierung ihrer Politik gegenüber der Dritten Welt stärkten das politische Gewicht der östlichen Supermacht, so daß man seit der zweiten Hälfte der fünfziger Jahre von einer asymmetrischen Bipolarität[152] sprechen kann. Vom Beginn der sechziger Jahre ab besteht ein Trend zur Symmetrie zwischen beiden Supermächten. Dieser Wandel bedeutet eine stärkere Partizipation des sozialistischen Lagers auf der Ost-West-Achse.

Parallel zu dieser Entwicklung – in ihrer Progression jedoch bedeutend rigoroser – sind Veränderungen in der Nord-Süd-Dimension zu beobachten. Frühere Versuche, diese Tendenzen in die noch vorwiegend von der Ost-West-Dichotomie beherrschten Modelle in der Form einer hetero-symmetrischen Bipolarität[153] einzufügen, können heute nicht mehr befriedigen. Der sukzessive Einzug der Peripherienationen führte zu einem relativ komplexen Wandel der Entscheidungsstrukturen. Im Ost-West-Konflikt bildeten die neuen Mitglieder variable Zentren, die zwar an den Entscheidungen über Ost-West-Issues teilnahmen, ihre Rolle aber tendenziell mediatorisch definierten[154]. Im unmittelbaren Bereich der Nord-Süd-Spaltung führten sie dagegen eine Umpolung der Entscheidungsstruktur durch. Hier kann man, soweit satzungsmäßig geschichtete Organe außer Betracht bleiben, seit den sechziger Jahren geradezu von einer Dominanz der Dritten Welt sprechen. Im Rahmen der Generalversammlung und ihrer Institutionen werden Entscheidungen dieses Sektors vorwiegend zugunsten der relativ homogenen Einheit der Dritten Welt gefällt. Die USA und ihre Verbündeten sowie das sozialistische Lager partizipieren zwar an der Resolutionsbildung, können sie jedoch gegen die Staatenmehrheit nicht definitiv bestimmen.

Verflochten mit diesem Dezentralisierungsmuster, das die Dominanzposition der USA erschüttert hat, ist die Neigung beider Supermächte, ihre gemeinsame Machtstellung im globalen Rahmen auf der Basis der Egalität zu konsolidieren. Die Einheitlichkeit dieser Motivation wird jedoch dadurch beeinträchtigt, daß die USA nach wie vor ein politisches und ökonomisches Übergewicht besitzen. Vor allem in der Wirtschaftsstruktur der Globalgesellschaft scheint das kapitalistische System seine Vormachtstellung zu wahren[155]. Die Beziehungen der Supermächte untereinander reflektieren daher eine Einstellungsdiskrepanz, die dazu führt, daß ihre Beziehungen je nach »issue«-Bereich zwischen den Polen der Kooperation und der Konkurrenz oszillieren[156].

Ein Resultat partieller gemeinsamer Interessen ist die Détente-Politik im europäischen Raum. Die Ansätze der Reduktion antagonistischer Attitüden, Perzeptions- und Verhaltensweisen zwischen den Allianzsystemen von Ost und West besitzen jedoch dysfunktionale Auswirkungen für die Kohäsion der beiden Blöcke. Handelte es sich zunächst nur um marginale Erosionserscheinungen[157], so kamen in den letzten Jahren Autonomietendenzen hinzu, die in Asien wahrscheinlich zur Kristallisation einer dritten Supermacht führen werden (VR China) und in Westeuropa ebenfalls jenseits der Rolle eines amerikanischen Juniorpartners liegen. Inwieweit diese Multipolarisierung Auswirkungen auf die Dritte Welt haben wird, sollte zuvor empirisch sehr sorgfältig untersucht werden, bevor zum Beispiel leichtfertig und pauschal eine Arbeitsteilung zwischen dem kapitalistischen Europa und den USA angenommen wird, ohne die Konfliktlinien möglicher Widersprüche zu identifizieren[158]. Und selbst wenn der Nachweis einer bestimmten allgemeinen Interessenkonvergenz der Industriestaaten gelänge, so wäre es weit interessanter, Ansätze, Bedingungen und Reichweite möglicher autonomer Spielräume der Peripherienationen auf der Basis zunehmender Diversifikation unter den Industrienationen aufzuspüren. Auch die Rolle der VR China im internationalen globalen System wird möglicherweise Konsequenzen für die Dritte Welt haben; ernsthaften Prognosen scheint das derzeit tastende und sich orientierende Verhalten der Chinesen in den Vereinten Nationen noch verschlossen[159]. Wie die VR China ihre globale Rolle endgültig definieren wird, hängt nicht zuletzt davon ab, wie die beiden Supermächte ihren »sozialen Aufstieg« beantworten werden. Eine Systemtransformation zum tripolaren Kondominium auf Kosten revolutionärer Dynamik wäre jedoch sicher kein positiver Beitrag zur Reduktion des internationalen Schichtungsgrades.

Die politische Entwicklung auf der Ost-West-Achse zwischen den Supermächten und unter den jeweiligen Blockmitgliedern sowie die Trends in der Nord-Süd-Dimension haben im UN-System die Konsequenz einer zunehmenden Partizipation am systemischen Entscheidungsprozeß. Da diese einzelnen Komponenten des Wandels jedoch untereinander durch Rückkoppelungen verbunden sind und zudem das konkrete Verhalten der Weltorganisation im Kontext weiterer Variablen beeinflussen, kann ihre Isolation lediglich analytischen Zwecken dienen. Versucht man einzelne Komponenten zu verfolgen, so werden simultane Prozesse künstlich ausgeblendet.

Die allmähliche Schwächung der amerikanischen Dominanz seit 1955 wurde von vielen Autoren beschrieben[160]. Hierbei handelte es sich jedoch zumeist um impressionistische Interpretationen. Eine breite statistische Auswertung[161] des Abstimmungsverhaltens in der Generalversammlung zwischen 1945 und 1966 zeichnete ein präziseres und differenzierteres Bild dieses Trends. So waren negative Auswirkungen auf amerikanische Abstimmungserfolge erst ab 1960 festzustellen. Die UdSSR und ihre Verbündeten befanden sich dagegen in allen Sitzungsperioden unter den extrem Erfolglosesten. Überraschend ist die Tatsache, daß die Staaten der Dritten Welt erst seit 1963 in signifikanter Weise zur Majorität zählen. Untersucht man die Abstimmungsresultate nach »issues«, so kann der Wandel exakter festgestellt werden: Bei Problemen des Kalten Krieges waren die USA durchweg erfolgreich; von 149 Abstimmungen gewannen sie 147, die UdSSR nur zwei. Fast ebenso siegreich erwiesen sich die USA im Bereich von Friedensaktionen. Auf dem »arms control«- und Abrüstungs-Sektor verringerte sich das einst markante Übergewicht der USA beträchtlich. Bei Kolonialproblemen, Südafrikafragen und bei »issues« des Nahen Ostens gewann Moskau die meisten Abstimmungen. Hier, auf der politischen Ebene des Imperialismus, kam es ständig zu Koalitionen des sozialistischen Lagers und der Dritten Welt.

Wendet man sich einem differenzierteren Meßindikator, der »Unterstützungsspanne« zu, so wiesen die Untersuchungsresultate bereits seit 1957 eine Erosion der amerikanischen Unterstützungsmarge nach. Es blieben zwar noch weiterhin über die Hälfte der Mitgliedsstaaten auf amerikanischer Seite, die Zweidrittelmehrheit der früheren Perioden wurde jedoch nicht mehr erreicht. Zur selben Zeit etwa gelang den sozialistischen Staaten der Durchbruch aus der totalen Isolation. Seither wächst ihr Interesse an den Vereinten Nationen, was unschwer dadurch zu belegen ist, daß ihr prozentualer Beitrag zum UN-Budget ständig steigt. Jacobsen ermittelte einen quantitativ feststellbaren Trend zur budgetären Symmetrie zwischen den beiden Supermächten[162]. Für die USA hat dies die Konsequenz, daß sich ihr Erfolg tendenziell von der Schaffung einer Zweidrittelmehrheit zur

Erhaltung einer stabilen Sperrminorität verlagert. Eine Folge davon ist der »Rückzug« in die geschichteten Organe[163].

In der Nord-Süd-Dimension liegt die Entscheidungsmacht des UN-Systems mit Ausnahme der geschichteten Sonderorganisationen und des Sicherheitsrates eindeutig bei der Majorität der Staaten der Dritten Welt. Quantitative Untersuchungen von Abstimmungsresultaten zeigten, daß sich die meisten Industriestaaten sowohl des kapitalistischen als auch des sozialistischen Bereichs unter den 25 % der UN-Mitglieder befinden, die am wenigsten oft zur Abstimmungsmehrheit gehören[164]. Auf den primären »issue«-Sektoren dieser Dimension – Handel und wirtschaftliche Entwicklung – sind beide Supermächte gleichermaßen erfolglos. Dagegen bemüht sich die UdSSR, in den sekundären Bereichen der politischen Verselbständigung mit dem Süden zu stimmen. Die Verflechtung der Ost-West- und der Nord-Süd-Achse auf dem kolonialen und imperialistischen Sektor kompliziert das Bild. Das jeweilige Mischungsverhältnis beider Komponenten ist eine empirische Frage. Vereinfachend kann man jedoch sagen, daß sozio-ökonomische Fragen stärker in der Nord-Süd-Ausrichtung entschieden werden, während mehr politische Komplexe im engeren Sinne sofort in die Ost-West-Konkurrenz geraten.

Was die Erfolgschancen von Anträgen in der Nord-Süd-Dimension betrifft, so werden Anträge des Nordens öfters zurückgewiesen als solche des Südens[165]. Innerhalb des UN-Systems nehmen das Komitee für Treuhandschaftsfragen und das Special Political Committee die extremste »südliche« Position ein, während das Komitee für administrative und budgetäre Fragen eine entgegengesetzte Einstellung besitzt. Generell kann man festhalten, daß die Entscheidungsmacht der Generalversammlung in der Nord-Süd-Dimension umgekehrt reziprok zur Herrschaftsstruktur des internationalen Systems verteilt ist. Dreiviertel des regulären UN-Budgets werden von 25 % der UN-Mitglieder bezahlt, die in Abstimmungen auf der Nord-Süd-Achse den geringsten Erfolg haben[166].

Zusammenfassend ist festzuhalten, daß man seit der ersten Hälfte der fünfziger Jahre einen beträchtlichen Strukturwandel innerhalb des UN-Systems erkennen kann. Eine zunehmende Partizipation an den Entscheidungsprozessen hat die Dominanz der USA teils gesenkt, teils beseitigt. Diesen Trend, der für die autonomeren Subsysteme der Weltorganisation gilt, belegte C.S. Manno durch eine empirische Untersuchung verschiedener UN-Ausschüsse. Es wurden nur solche Gremien berücksichtigt, deren Zusammensetzung nicht in der Charta fixiert ist. Die Resultate zeigten, daß man zwischen einem politischen und einem ökonomischen Aufgabenfeld unterscheiden muß. Während sich in jenem Bereich ein Konsensus über die Anwendung einer Art Troika-Formel durchgesetzt hat, bestimmt in diesem das Prinzip der Mikrorepräsentation, also die verkleinerte Ablichtung der UN-Mitgliedschaft, die Zusammensetzung[167].

(c) Strategische Perspektiven

Die bisherige Diskussion einer erweiterten Partizipation betraf die egalitären UN-Organe und sparte die geschichteten aus. Während die Staaten der Dritten Welt in jenen einen Handlungsspielraum entwickelten und ihn durch die Ausdifferenzierung neuer Institutionen erweiterten, um so ihre Organisationskapazität zu steigern, zogen sich die Industriestaaten in ihre »Steuerungs- und Entscheidungszentralen« zurück.

Eine mögliche Strategie wäre es nunmehr, von einer organisatorischen Basis aus – die zugegebenermaßen noch sehr schwach ist – auch in den geschichteten Organen mehr »Mitbestimmung« zu erkämpfen. Forderungen nach einer stärkeren Partizipation der Entwicklungsländer in der Weltbank wurden schon vielfach erhoben[168]. Ähnliche Ziele betrafen auch den Sicherheitsrat der Vereinten Nationen. So wird von manchen Vertretern der Dritten Welt die Ansicht geäußert, die Sieger des Zweiten Weltkrieges könnten nicht länger entscheiden, welche Maßnahmen zur Konfliktdämpfung und -lösung im Nahen Osten, in Südost-Asien oder Südafrika geeignet wären und getroffen werden müßten[169]. Die Krise des Weltwährungssystems wiederum, die den Entwicklungsländern seit der zweiten Hälfte der sechziger Jahre großen Schaden zufügt, ohne auch nur annähernd von ihnen beeinflußt zu werden, forciert die Artikulation eines Anspruchs auf mehr Beteiligung am Internationalen Währungsfonds. Diese Sonderorganisation der Vereinten Nationen ist insofern bedeutsam, als (1) ihre Finanzstrategie institutionell mit der Darlehenspolitik der Weltbank verklammert ist und (2) in ihr die langfristige Reform des Weltwährungssystems durchgeführt werden soll. Die Industriestaaten stimmten auf Drängen der Welthandelskonferenz zwar einer Erweiterung des Zehnerklubs zu, weigerten sich jedoch entschieden, das Prinzip des »ein Land – eine Stimme« einzuführen. Sie dachten vielmehr an einen Stimmenschlüssel, der die Wirtschaftskraft und die Quoten der Mitglieder zur Grundlage hat. Der in Santiago ausgehandelte Kompromiß sah eine Erweiterung des Zehnerklubs um zehn weitere Staaten vor, wovon neun Entwicklungsländer sein sollten[170]. Die formale Einbeziehung der Dritten Welt auf dieser Basis wurde im Juli 1972 unter Berücksichtigung der Quotenrelationen vollzogen.

Bei der Beurteilung dieser Strategie ist zu berücksichtigen, daß eine gewaltsame Penetration der geschichteten UN-Organe, soweit sie seitens der Dritten Welt überhaupt erzwungen werden könnte, höchstwahrscheinlich mit der Verlagerung der Entscheidungsprozesse in noch weniger kontrollierbare multilaterale Strukturen außerhalb der Vereinten Nationen beantwortet werden würde. Ein solcher Regreß sollte unter allen Umständen vermieden werden, da der Transfer der Entscheidungsprozesse aus dem nationalen und bilateralen Bereich in universale internationale Organisationen für die Peripheriegesellschaften günstigere politische Bedingungen schafft. Die höhere Aggregatebene fordert eine Steigerung der Eigenkomplexität der Problemlösungseinheit. Zum einen wird die kognitive und affektive Abhängigkeit der politischen Entscheidungsinstanz von spezifischen Subsystemen nationaler Gesellschaften – wie Großkonzernen oder Wirtschaftsverbänden – geringer: Ihre extremen Forderungen können mit dem Hinweis auf die Notwendigkeit der Berücksichtigung vieler weiterer internationaler Interessen reduziert werden, und ihre Durchsetzungsfähigkeit über Leistungsverweigerung erhält auf der Basis erweiterter Ausweichmöglichkeiten ebenfalls einen geringeren Stellenwert. Zum anderen fördert die höhere Aggregatebene eine größere Bandbreite von Werten und Interessen. Die ausdifferenzierte Problemlösungseinheit jenseits der nationalstaatlichen Verortung kann die Fähigkeit entwickeln, die Beschränktheit enger nationaler oder regionaler Werte-Tableaus wahrzunehmen und durch die Integration bisher fremder Werte und Normen eine sukzessive Transformation der eigenen Handlungsdeterminanten durchzuführen. Die Einbeziehung von Perzeptionen, Normen, Standpunkten und Interessen, die nicht in der überkommenen Sozialisation der Industriegesellschaften enthalten sind, erweitert das Vergleichs- und Alternativ-»Material« der Entscheidungseinheit. Sie reflektiert bisherige Handlungsmuster und Beurteilungsraster und gibt Anstöße zu Aktivitäten der Selbstkorrektur. Der Überblick auf der Grundlage einer neuen Problemlösungskapazität steigert einerseits die Möglichkeiten, auch den Komplex der Dysfunktionen beabsichtigter Handlungen realistischer als bisher zu berücksichtigen, andererseits die Erkenntnis der Unzulänglichkeit bisheriger Steuerung, woraus sich das Bestreben ableiten lassen könnte, neue Strategien der Informationsverarbeitung zu entwickeln, systematischer nach Lösungsalternativen zu suchen und intern organisatorische Innovationen zugunsten verbesserter Problemverarbeitungskapazitäten durchzuführen. Ergäben sich langfristig solche Folgen, so müßten Dissonanzen zwischen den nationalen Staatsapparaten der Industriestaaten und der Problemlösungseinheit auf höherer Aggregatebene entstehen. Das UN-System könnte dann zu einem Zentrum innovativer Dynamik der Globalgesellschaft werden.

Eine solche Betrachtungsweise versucht organisationssoziologische Kriterien zur Erklärung möglicher Entwicklungen im UN-System heranzuziehen. Der soeben skizzierte Prozeß reflektiert den Wandel innerhalb eines sozialen Systems, der dann eintritt, wenn das System bestrebt ist, neu aufgetretene oder neu entdeckte Umweltkomplexitäten zu verarbeiten. Unter diesem Aspekt wäre eine Reihe von Fragen zu stellen, die hier nur kurz angeschnitten werden können. So müßte man nach dem Stellenwert einer Entscheidungseinheit höherer Aggregatebene für die Problemlösungskapazität der Globalgesellschaft fragen und die Differenz zu bisherigen Methoden, Zielen und Resultaten nationaler Entwicklungspolitik aufspüren. Langfristig wäre nach Unterschieden zwischen der Hilfe führender Industrienationen und z. B. der Weltbankgruppe zu fragen. Dementsprechend ist der Wert von Longitudinalstudien, die sich exklusiv mit der Politik der Weltbank beschäftigen, begrenzt. Erst der parallele Vergleich nationaler und UN-Aktivitäten wäre geeignet, Chancen und Grenzen autonomer Problemlösungsversuche durch die Vereinten Nationen in den Griff zu bekommen. Forschungsstrategisch relevant erscheint weiterhin eine Untersuchung der geschichteten und egalitären UN-Organe nach mehr organisationssoziologischen Fragestellungen. Dies wäre um so nützlicher, als gewisse Transfers von Hypothesen, Verknüpfungen und normativen Postulaten einer viel weiter fortgeschrittenen Diskussion Impulse für neue Fragestellungen liefern könnten.

Kehren wir zur Frage einer problemlösungsadäquaten Partizipation der Entwicklungsländer zurück, so ist es nunmehr möglich, dieses Problem in einer neuen Perspektive zu sehen. Eine Umgestaltung der geschichteten Organe des UN-Systems wird dann weniger interessant, wenn diese ihre Steuerungs- und Kontroll-Aktivitäten durch Regelungsprozesse und Konsensusbildung ersetzen[171]. Als Orientierungspunkt und »reales Utopia« einer solchen Strategie wäre eine Vielzahl von Subsystemen der Vereinten Nationen anzusehen, die an den systemischen Entscheidungsprozessen beteiligt sind. Zwischen den Mitgliedern und den Kontrollgremien des UN-Systems könnten intermediäre Instanzen, wie z. B. die egalitären Organe, äquivalente Partizipationsfunktionen wahrnehmen. Regelungstheoretische Erkenntnisse weisen darauf hin, daß die Problemlösungskapazität sozialer Systeme unter dem Streß der Bedingungen einer komplexen Umwelt nur auf dem Wege einer stärkeren Subsystem-Autonomie erhöht werden kann. Eine bekannte Methode, die eigene Problemlösungskapazität zu stärken, ist die Entscheidungsentlastung[172]. Um sich davor zu schützen, vor lauter Informations- und Entscheidungs-Überlastung wesentliche Weichenstellungen nicht problemkonform vollziehen zu können, kann sich eine Organisation entschließen, gewisse Kompetenzen und Aufgaben an andere Systeme oder Subsysteme abzutreten. Dies führt nicht zum Machtverlust einer Organisation, sondern steigert ihre Problemlösungskapazität, da sie weniger belastet ist, sich auf bestimmte Fragen konzentrieren kann, kompetente und motivierte Partizipanten besitzt, ein größeres Alternativenspektrum zur Verfügung hat und besser informiert ist. Angesichts solcher Perspektiven könnte eine Strategie der egalitären UN-Organe dahin gehen, nach und nach politischen Druck dafür zu verwenden, die geschichteten Organisationen dazu zu bewegen, eine Entscheidungsentlastung auf der Basis stärkerer Partizipation der Peripherienationen vorzunehmen. Dieser Problematik angemessen wären forschungsstrategische Orientierungen, die sich für die Binnenstruktur des UN-Systems, also die Interaktionen und Kommunikationen unter den Subsystemen der Vereinten Nationen interessieren. Bisherige Untersuchungen haben sich um solche Fragestellungen kaum gekümmert. Wie hierbei angesetzt werden könnte, soll im Rahmen der Innovationsstrategien des zweiten Teils dieser Arbeit angedeutet werden.

Unsere bisherige Diskussion beschäftigte sich mit Aspekten der Organisationskapazität der Peripherienationen. Hierbei spielten die Vereinten Nationen, wie gezeigt wurde, zwar keine unbedeutende, doch tendenziell eine passive Rolle, wobei aber auch schon diese Katalysatorfunktion gemessen am Entwicklungsstand des internationalen Globalsystems relevant erscheint. Hierzu tritt jedoch auch eine aktive Rolle, wenn man den Prozeß der Durchsetzung sozialer Veränderungen in der Globalgesellschaft betrachtet. Diesem Problemkreis ist der zweite Teil dieser Untersuchung gewidmet.

II. Autonomie

Die Handlungen der Vereinten Nationen wie aller sozialen Systeme sind weitgehend von den Determinanten der Sozialstruktur bestimmt, innerhalb deren sie ihren Standort haben. Internalisierte und institutionalisierte Normen des internationalen Systems, utilitaristische Reflexionen im Kontext bestehender Handlungsalternativen sowie Droh- und Gewaltbeziehungen schränken den Spielraum des UN-Systems ein[1]. Andererseits beeinflussen die Vereinten Nationen als aktives System auch ihre Umwelt und treten als internationaler Akteur in Erscheinung. Ihre Interaktionen mit dem internationalen System können als Rückkoppelungsprozesse, die sie selber aktiv mitsteuern, verstanden werden[2].

Das Autonomie-Konzept der modernen Systemtheorie[3] isoliert die Kapazität sozialer Systeme – im Kontext sozialer Verflechtung mit übergeordneten, parallelen und untergeordneten Systemen –, Zielvorstellungen über einen angestrebten internen Zustand und gewünschte Bedingungen in der Umwelt zu verwirklichen. Autonomie ist die zentrale Fähigkeit eines Systems, innerhalb der ihm von seiner Sozialstruktur auferlegten Beschränkungen so viel Spielraum für eigene Aktivitäten zu schaffen, daß es aktiv Einfluß auf die Konstellationen seiner internen und externen Umwelt nehmen kann[4].

Die Eigenschaft sozialer Systeme, ihre Ziele im Zusammenhang begrenzter Gegenwirkung steuernd zu verwirklichen, heißt »Kontrollfähigkeit«. Sie umfaßt kybernetische Kapazitäten wie Informationssammlung, Speichern und Verwenden der Daten, Planungsfähigkeit, Reaktionsgeschwindigkeit und Steuerungsinstrumentarium.

Da jedoch Subsysteme und Paralleleinheiten eines Systems im Prinzip über dieselben Anlagen verfügen, folgt daraus, daß es die Resultate seiner Aktivitäten nicht durch eine Maximierung der Kontrollfähigkeit allein, sondern nur durch eine Verbesserung seiner kombinierten Kontroll- und Konsensusbildung optimieren kann[5]. Stützt sich ein System exklusiv oder vorwiegend auf seine Kontrollkapazität, so schürt es die Entfremdung zu seiner internen und externen Umwelt. Seine Entscheidungen werden nicht akzeptiert und müssen erzwungen werden; aufgrund mangelnder Information bleiben sie probleminadäquat, Widerstände verschärfen sich und fordern noch ausgefeiltere und kostspieligere Kontrolltechniken. Unter solchen Bedingungen entstehen sowohl bei der Steuerungseinheit als auch in der sozialen Umwelt pathologische Lernprozesse, die die Gefahr neurotischer Ausbrüche fördern und langfristig den Bestand des Systems gefährden, da zu große Teile seiner materiellen und immateriellen Ressourcen für die rigide Aufrechterhaltung der systemischen Kohäsion aufgebracht werden müssen. Diese Mittel fehlen jedoch der Problemlösungskapazität des Systems.

Auf allen Analyseebenen neigen politische Systeme dazu, soweit man ein Pauschalurteil überhaupt abgeben kann, der Kontrollkomponente Vorrang einzuräumen. So ist J. W. Burton der Ansicht, daß die meisten Konflikte seit 1945 Reaktionen gegen die Machtausübung durch fremde Mächte, herrschende Cliquen und das internationale System darstellen[6]. Wie stark politische Problemlösungsversuche durch Kontrollaktivitäten bestimmt sind, zeigt, daß die Gründer der Vereinten Nationen zunächst versuchten, ein Instrument formalisierter Zwangsausübung zu konsolidieren: das System der kollektiven Sicherheit (Kapitel VII der UN-Charta). Dieser Mechanismus gründete sich fast ausschließlich auf Kontrollkapazitäten: Das Konfliktregelungsmodell einer traditionellen »Staatsdominanz« auf dem innenpolitischen Sektor wurde in den Bereich internationaler Strukturen transferiert, ohne das System jedoch materiell und personell adäquat auszustatten. Diese Situation hatte zweierlei Konsequenzen: Zum einen konnte eine Institutionalisierung der Zwangsschlichtung im Kontext zahlreicher nationaler Systeme mit weitaus stärker ausgeprägten Steuerungskapazitäten keine wirksame Lösung internationaler Probleme herbeiführen[7], zum anderen implizierte dieser Vorgang eine minimale Autonomie der Vereinten Nationen vom internationalen globalen System.

Die Ausdifferenzierung der Weltorganisation aus dem internationalen System mit seinen relativ starken nationalen Einheiten bedeutet am Beginn der Existenz eines solchen Organs eine schwache Position gegenüber seinem »Muttersystem«. Soweit es Kontrollaktivitäten durchführt, gründen sich diese zunächst ausschließlich auf die politischen und militärischen Zwangsmittel des internationalen Systems. Eine Steigerung seiner Autonomie erreicht die ausdifferenzierte Organisation nur über eine Strategie der Konsensusbildung.

1. Die Kapazität der Konsensusbildung

Wenn das Konfliktlösungsmodell des UN-Systems auch vorwiegend die Kontrollkomponente politischer Regelung betonte, so enthielt es ebenfalls einen Konsensus-Faktor: Schon eine frühe Interpretation der Charta wies darauf hin, daß Problemlösung im UN-Kontext eines Konsensus der Großmächte bedurfte[8]. Zwar handelte es sich hierbei zweifellos um einen höchst marginalen Aspekt der Konsensusbildung, doch selbst dieser wurde unter dem Druck des bipolaren Konfliktmusters und der asymmetrischen Machtverteilung der Nachkriegsperiode aufgehoben. Die Aktivitäten des UN-Systems im Rahmen der kollektiven Sicherheit kulminierten in einer Service-Funktion für das nationale Krisen-Management der systemdominanten USA[9]. Damit hatte die Autonomie der Vereinten Nationen in der ersten Hälfte der fünfziger Jahre einen Tiefstand erreicht; als Steuerungsinstrument der herrschenden Kräfte des internationalen Systems war ihre Problemlösungsfunktion für die Globalgesellschaft bis zur Unkenntlichkeit reduziert.

E. B. Haas hat darauf hingewiesen, daß ein dynamisches internationales System, das auch »aktiv« genannt werden kann, dann Reorganisationen interner Aktionsmuster vornimmt, wenn die Resultate seiner Problemlösungsanstrengungen ins Leere laufen. Machtpotentiale und Funktionen werden adäquat zu den Herausforderungen der Umwelt erhöht und aufgefächert[10]. Ein aktives System wird bestrebt sein, neue und bessere Wege zu finden, um den Druck bestehender Probleme zu verringern.

Das Scheitern des programmierten Problemlösungskonzepts der kollektiven Sicherheit an der Barriere des Kalten Krieges förderte die Suche nach alternativen Problemlösungsmustern. Da sich Kontrollfunktionen als unrealistisch erwiesen hatten, konzentrierten sich die UN auf Prozesse der Konsensusbildung. Diese Verlagerung hatte zwei Voraussetzungen: Zum einen verschob sich das Schwergewicht politischer Aktivitäten aus dem geschichteten Sicherheitsrat in die egalitäre Generalversammlung[11], und zum anderen veränderte sich durch den Entkolonialisierungsprozeß die Mitgliederstruktur der Vereinten Nationen. Seit der Mitte der fünfziger Jahre gewannen paraparlamentarische Konfliktlösungsmuster an Bedeutung.

Unter dem Druck sozialer, technologischer, militärischer und politischer Veränderungen im internationalen System der fünfziger Jahre kristallisierten sich aus dem beinahe totalen Antagonismus der beiden Blöcke einige gemeinsame Grundinteressen der Supermächte heraus. Die Austragung der Systemkonkurrenz in nichtmilitärischen Bereichen sowie die Konsolidierung ihrer Dominanzposition im globalen internationalen System lagen sowohl im Interesse der UdSSR als auch in dem der USA. Dies implizierte jedoch das Zugeständnis beider Seiten, daß die Existenz konkurrierender Parteien und Werte berechtigt ist. Die Verhaltensweisen der Supermächte im UN-System lassen beide Faktoren erkennen[12]. Auf der Basis dieses Einstellungswandels im Verhältnis zwischen den Supermächten seit der Mitte der fünfziger Jahre erhielten die Vereinten Nationen einen neuen Stellenwert. Auf der Suche nach geeigneten Modellen für den neuen Sachverhalt stießen verschiedene Autoren auf die Ähnlichkeit von Verhaltensstrukturen in nationalen Parlamenten und in der Generalversammlung des UN-Systems. Zahlreiche Arbeiten gehen von einer Isomorphie beider Strukturen aus[13].

Der Transfer des »bargaining«-Modells von A. Downs[14] in den

Bereich der Vereinten Nationen ermöglichte es, einige Verhaltensregelmäßigkeiten zu identifizieren[15]. Das Modell geht von einem Zwei-Parteien-System aus sowie einem relativ unstrukturierten Aggregat neutraler Systemmitglieder. Da beide Parteien Abstimmungssiege erzielen wollen, besteht eine rationale Strategie darin, die jeweilige Extremposition zu einem umstrittenen Problem in Richtung auf die Einstellung der neutralen Mehrheit zu modifizieren, um dadurch möglichst viele Neutrale zu gewinnen. Die systemische Struktur des Modells fördert demnach die Reduktion antagonistischer Positionen und damit ein problemlösungskonformes Verhalten der Gegner.

Für den Ost-West-Konflikt in den Vereinten Nationen besitzt dieses Modell einen gewissen heuristischen Wert. Zwischen den Supermächten an den beiden Polen einer Skala nehmen die anderen Mitgliedstaaten Positionen ein, die die Distanz zu den politischen Einstellungen der konkurrierenden Mächte angeben. Die engsten Verbündeten sind in der Nähe der Pole angesiedelt. Dagegen drängt sich die Mehrheit der UN-Mitglieder – vor allem die Staaten der Dritten Welt – um eine neutrale Position in der Mitte der Skala. Zugegebenermaßen handelt es sich hier um ein sehr begrenztes Modell, da es (1) einen sehr engen Begriff rationaler Entscheidung voraussetzt und (2) eine Vielzahl zusätzlicher Variablen, die das Abstimmungsverhalten einzelner Staaten bestimmen, künstlich ausblendet. Dennoch ist es möglich, konkrete Verhaltensweisen des UN-Systems zumindest partiell mit Hilfe von Hypothesen zu erklären, die diesem Modell entstammen, zumal wenn der Ost-West-Gegensatz eine bestimmte kritische Situation eindeutig beherrscht. Dies gilt (1) für Prozesse der Konsensusbildung vor aktuellen Abstimmungen, (2) für die Organisierung langfristiger Einstellungen des Systems zu spezifischen Fragen und (3) für die Beeinflussung der politischen Relevanz bestimmter Problem-Typen.

(1) Steht die Generalversammlung unter dem Druck, in einer Konfliktsituation zwischen den beiden Supermächten zu einer Einigung gelangen zu müssen, so setzt zumeist ein »bargaining«-Prozeß ein, in dessen Verlauf sukzessive abgeänderte Resolutionsentwürfe zur De-

batte gestellt werden. Je weiter sich ein Entwurf von der ursprünglichen Fassung der Supermacht oder deren Protegé entfernt, desto mehr Stimmen erhält er. Auf diese Weise kommen zahlreiche Kompromisse zustande, die zwar – negativ gesehen – eine »Verwässerung« von Resolutionsanträgen bedeuten, andererseits jedoch häufig Veränderungen der systemischen Einstellung bewirken und inkrementale Innovationen einleiten können. Eine andere Funktion dieses Konsensusbildungs-Musters ist die Reduktion von Spannungen. So konnte an einer anderen Stelle gezeigt werden, wie der Prozeß mehrmaliger Modifikation extremer Resolutionsanträge während der Notstandstagung der Generalversammlung im Nahost-Konflikt 1967 zu einer Entschärfung des Klimas beitrug und pragmatischeren Initiativen den Weg ebnete[16].

Auf dasselbe Verhaltensmuster ist eine weitere Beobachtung zurückzuführen. Jacobsen ermittelte die Tatsache, daß ungebundene Staaten der Dritten Welt zwar mehr gemeinsame Resolutionsanträge mit dem Westen als mit dem Osten einbringen, bei Abstimmungen jedoch häufig in einer stark östlichen Position landen[17]. Diese Inkonsistenz ist jedoch eher durch das Verhalten der UdSSR erklärbar als durch das der jungen Staaten. Das sozialistische Lager sucht oft den Anschluß an die Staaten der Dritten Welt oder nimmt von sich aus Probleme auf, die jene Staaten betreffen, um Resolutionen zu initiieren[18]. Das Abstimmungsresultat ist demnach sehr stark eine Konsequenz sowjetischer »bargaining«-Flexibilität.

(2) Verfolgt man Stellungnahmen der Generalversammlung zu bestimmten politischen Fragen über einige Jahre hinweg, so sind ab und zu eindeutige Trends festzustellen, die aus einem langfristigen Prozeß der Einstellungsmodifikation resultieren. Hierbei scheint die permanente politische Kommunikation im UN-System politische Meinungsbilder des globalen internationalen Systems zu kristallisieren, die von den betroffenen nationalen Regierungen nicht ignoriert werden können. Mit Hilfe inhaltsanalytischer Untersuchungen von Generaldebatten zwischen den Jahren 1961 und 1967 konnte ein Positionswandel der Generalversammlung gegenüber dem Deutschlandproblem quantitativ festgehalten werden[19]. In diesem Zeitraum gab die Ver-

sammlung eine eindeutig pro-westdeutsche Haltung zugunsten einer stark indifferenten auf. Wird ein spezifischer Trend des Einstellungswandels so manifest wie hier, so hat dies nachhaltige Folgen für die langfristige Strategie der Supermächte. Auf der einen Seite konnte das sozialistische Lager geduldig abwarten: Der Trend wirkte sich für die DDR positiv aus. Die USA als Schutzmacht der BRD konnten es andererseits auf die Dauer nicht für opportun ansehen, rigide Konzeptionen ihres Verbündeten zu decken. Ihre Unterstützung des inkrementalen Innovationsprozesses in der westdeutschen Außenpolitik der sechziger Jahre[20] war daher im Zusammenhang ihrer globalen Politik rational.

(3) Einen generellen Einfluß hatte das Strukturmuster des UN-Systems auf jenen Problemkomplex, der im Mittelpunkt des Kalten Krieges stand. Das Desinteresse und die Abneigung der Peripheriestaaten, Probleme des Kalten Krieges überhaupt zu debattieren, reduzierten das Ausmaß der Abstimmungen in diesem Bereich sowie die Intensität ihrer Artikulation[21]. Das »bargaining«-Modell ließ die Vermutung zu, daß auch die Supermächte, als Reaktion auf diese Entscheidung, die Intensität ihrer Beschäftigung mit diesem Problemtyp in den Vereinten Nationen drosseln würden. Diese Annahme wurde bestätigt. Zieht man Artikulationen der Generalversammlung zur deutschen Frage als Beispiel heran, so zeigt sich die Reduktion dieses Prototyps Kalter-Krieg-»issues« sehr deutlich[22].

Daß es sich bei der Kristallisation von Konsensusbildungs-Mustern keineswegs um marginale Entwicklungen handelt, konnte Manno[23] nachweisen. Der Prozentsatz einstimmig angenommener Resolutionen hatte sich zwischen 1954 und 1962 mehr als verdoppelt, während der prozentuale Anteil von Resolutionen mit mindestens einer Negation um die Hälfte zurückging. Dieses an sich vielversprechende Resultat muß jedoch eingeschränkt werden. Schlüsselt man die Entscheidungen nach Problembereichen auf, so trifft der angegebene Trend auf alle Sektoren außer auf den spezifisch machtpolitischen zu. Das größte Anwachsen der Einstimmigkeit fand bei wirtschaftlichen und sozialen Angelegenheiten statt.

Trotz bemerkenswerter Ausnahmen beeinflussen die Resolutionen der Generalversammlung politische Prozesse im internationalen System mehr, als dies allgemein erkannt wird. Haas kommt zu dem Schluß, daß das UN-System zwar seine Legitimität nicht zu steigern vermochte, andererseits jedoch eine Hebung seiner Autorität zu verzeichnen ist. Dies wirkt sich dahingehend aus, daß viele Staaten im wachsenden Ausmaß UN-Resolutionen achten und nationale Entscheidungen auf sie beziehen[24]. Je selektiver außerdem die Adressatengruppe einer Resolution konzipiert ist, desto höhere Ablehnungsraten werden verzeichnet. Resolutionen, die an alle UN-Mitglieder, große Subgruppen unter ihnen oder an die Sonderorganisationen gerichtet waren, hatten die höchsten Einstimmigkeits- und die niedrigsten Ablehnungsquoten[25].

Berücksichtigt man bei der Diskussion der Konsensusbildung im UN-System die Dynamik der System-Umwelt-Beziehungen, so stellt sich die Frage nach der Stabilität und dem Wandel von Elementen, die die Konsensusbildung fördern.

Russett[26] sah zwei austauschbare Bedingungen als konstitutiv für Aktivitäten der Konsensusbildung an: die Existenz von Mediationskräften oder von »cross pressures«. Empirische Untersuchungen verschiedener Autoren bestätigen, daß die Vermittlergruppe, wie sie das Modell postuliert, ständig kleiner und inaktiver wird und eine Polarisierung innerhalb der Gruppe immer stärker zutage tritt[27]. Demgegenüber ermittelte eine weitere Studie ein bemerkenswertes Anwachsen neutraler Resolutionsanträge im Ost-West-Konflikt[28]. Allerdings basieren alle diese Aussagen auf Daten, die etwa bis zur Mitte der sechziger Jahre reichen; für jüngere Trends fehlen Untersuchungen.

Unter »cross pressures«[29] versteht man vielfältige Solidaritäten kreuz und quer durch regionale und funktionale Subgruppen, die das Abstimmungsverhalten in der Generalversammlung in jedem Problembereich von anderen Faktorenbündeln bestimmen lassen. Das generelle Ausmaß von »cross pressures« ist umstritten, scheint jedoch etwas positiver beurteilt zu werden als die Stabilität einer Vermittlergruppe[30]. Im Mittelpunkt des Interesses stehen hierbei die asiatische und afrikanische »caucusing group«. Während das asiatische Aggregat jedoch eine interne Dichotomie in Ost- und Westsympathisanten aufweist, bildet die afrikanische Gruppe eine beinahe ideale »cross pressures – caucusing group«, deren Aktivitäten lediglich durch eine Art afrikanischen Parochialismus[31] gehemmt werden. Trotz dieser Schwäche besitzt der afrikanische »caucus« einen gewissen moderierenden Einfluß, der »bargaining«-Prozesse fördert.

Die bisherige Diskussion von Konsensusbildungs-Aktivitäten betraf lediglich den Ost-West-Konflikt. Sucht man hingegen nach Moderationselementen und »cross pressures« in der Nord-Süd-Dimension, so endet dieses Bemühen noch weniger zufriedenstellend. Über zwei Drittel der UN-Mitglieder nehmen eine Position in der Nähe des Südendes der Skala ein. Jacobsen, der eine Einteilung der UN-Mitglieder nach Pro-Kopf-Einkommen und geographischer Lage vornahm und dabei drei Gruppen modellhaft konzipierte, konnte in einem empirischen Test nachweisen, daß die Antragsaktivitäten der Mittelgruppe zwischen den vierziger und den sechziger Jahren erheblich zurückgegangen waren[32]. Russetts Versuche, »cross cutting solidarities« auch in der Nord-Süd-Dimension ausfindig zu machen, blieben fast völlig erfolglos. Er fand nur zwei Variablen, die innerhalb von »caucusing groups« mäßige Abweichungen fixierten. Der Indikator »Kolonialer Status« identifizierte sowohl unter den Industriestaaten als auch unter den Staaten der Dritten Welt Differenzen. Unter den Westeuropäern befanden sich alle ehemaligen Kolonialmächte mit Ausnahme Italiens und der Niederlande »nördlich« der Gesamtgruppe. Dagegen waren es einige asiatische Staaten ohne koloniale Vergangenheit, die ebenfalls ein »nördlicheres« Abstimmungsverhalten bewiesen als ihre Referenzgruppe. Der zweite Indikator, »Wirtschaftshilfe vom Osten«, wies ebenfalls auf eine vergleichsweise »nördliche« Position hin[33]. Trotz dieser Ergebnisse steht eine Untersuchung differenzierter Verhaltensmuster von Industriestaaten konkret zum Nord-Süd-Konflikt noch aus.

Eine abschließende Beurteilung der Konsensusbildung im UN-System muß darauf hinweisen, daß diese Aktivität vom System selbst entwickelt wurde und eine innovative Reaktion auf das Versagen der programmierten Kontrollfunktion darstellt. Insofern sollten die soeben diskutierten Prozesse positiv beurteilt und eventuelle Einschränkungen der Konsensusbildungs-Kapazität sorgfältig beobachtet und bekämpft werden. Andererseits ist festzuhalten, daß bisher entwikkelte Muster der Konsensusbildung Problemlösungsprozesse unter den herrschenden Subsystemen der Vereinten Nationen bevorzugen.

Die Staaten der Dritten Welt können nur zwischen Lösungsvorschlägen der Führungsmächte wählen oder eine Annäherung dieser Standpunkte initiieren. Der Einfluß der Mitgliedermehrheit des Systems auf die Problemlösung mittels Konsensusbildung ist damit auf ein Alternativspektrum eingeschränkt, dessen Variabilität von den beiden Supermächten definiert wird. Demnach reflektiert auch die Konsensusbildungs-Kapazität des Systems die Interessen der Industriestaaten stärker als die der Peripherie-Mehrheit. Zum Nord-Süd-Gegensatz liegen die Problemlösungs-Alternativen jedoch nicht in der Hand der Systemspitze, also ist das Konsensusbildungs-Potential in dieser Dimension auch sehr gering. Da diese Frage noch kaum untersucht wurde, bleibt an dieser Stelle nur der Hinweis auf eine höchst relevante Forschungsperspektive. Auf mögliche neue Wege der Konsensusbildung, und zwar gerade in der Nord-Süd-Dimension, wird an einer späteren Stelle zurückzukommen sein.

2. Kontrollkapazität

Die Entwicklung eines autonomen Spielraums der Vereinten Nationen innerhalb des internationalen globalen Systems ist ein ambivalenter Vorgang. Einerseits sind die Staaten an einem funktionierenden Problemlösungssystem interessiert, andererseits jedoch sind sie bestrebt, den Problemlösungsprozeß des ausdifferenzierten Systems ihren Vorstellungen gemäß zu beeinflussen, um unerwünschte Alternativen und Resultate zu vermeiden. Von der Funktion her gesehen muß hingegen das UN-System bestrebt sein, sich der belastenden Struktur des internationalen Systems zu entziehen, denn gerade die Grenzen und die Unfähigkeit des internationalen Systems, mit bestimmten Problemen fertig zu werden, bildeten die Voraussetzung für die Gründung eines Problemlösungssystems. Eine Strategie sukzessiver Autonomie-Expansion ist demnach als eine Kombination von Aktivitäten zu verstehen, die politischen Druck, Lern- und Überzeugungsprozesse umfaßt und sich in einer Umwelt abspielt, die teils verständnisbereit, teils uneinsichtig ist.

Eine nicht unwichtige Variable für die Einstellung des internationalen Systems gegenüber den Vereinten Nationen ist die Bereitschaft, materielle Ressourcen zur Verfügung zu stellen. Zwar nahmen die Beiträge aller UN-Mitglieder zwischen 1946 und 1969 beträchtlich und stetig zu, ihr prozentualer Anteil am Bruttonationalprodukt veränderte sich dagegen kaum[34]. Sie überstiegen selten 0,03 % des Bruttonationalprodukts und 0,4 % des Militärbudgets in den sechziger Jahren, waren also generell gesehen sehr gering[35]. Dieses mangelnde Engagement resultiert aus einer Vielzahl unterschiedlicher Interessen[36] der Mitgliedstaaten und kann in diesem Rahmen nur kurz skizziert werden.

Die USA beeinflussen das Globalsystem auch heute noch so stark wie keine andere Nation. Da sie eine UN-Beteiligung an der Kontrolle des internationalen globalen Systems bestenfalls als effizienzmindernd einschätzen und zudem ihr seitheriges Übergewicht in den UN schwinden sehen, stehen sie einer entscheidenden Stärkung des Steuerungsapparates der Weltorganisation, soweit sie die egalitären Organe betrifft, skeptisch gegenüber. Die UdSSR verhält sich aus anderen Gründen abweisend. Mit der Rolle eines Juniorpartners im bipolaren Kondominium unzufrieden, strebt sie nach einer nationalen Kontrollkapazität, die der amerikanischen ebenbürtig ist. In diesem Zusammenhang wird der Aufbau internationaler Strukturen, die Moskau nicht steuern kann, die aber ihrerseits den Spielraum der sowjetischen Außenpolitik einengen, abgelehnt. Auf der Grundlage dieser Strategie erfolgt die oft ideologisch gedeutete restriktive Interpretation der Autonomie internationaler Organisationen[37]. Die Einstellungen der Dritten Welt gegenüber der Kontrollkapazität des UN-Systems sind schillernd und unterscheiden sich innerhalb dieses Staatenaggregats erheblich. Einerseits würde eine stärkere Kontrollkapazität der UN bestehende Steuerungsaktivitäten der Supermächte und anderer Industriestaaten eindämmen. Andererseits fürchten manche Regierungen der Dritten Welt, daß eine Erhöhung der UN-Kontrollkapazität nur mit einem Ausbau von Privilegien für die Großmächte einhergehen würde. Das Resultat wäre dann ein neokoloniales Kontrollmuster globalen Ausmaßes, das die sozio-ökonomischen Abhängigkeitsverhältnisse auch im politischen Bereich institutionalisieren würde[38]. Andere Staaten wiederum sind von der Ineffektivität bisheriger UN-Aktivitäten frustriert und wenden sich mehr regionalen oder bilateralen Problemlösungssystemen zu. Generell gesehen ist es jedoch die Dritte Welt, die das System der Vereinten Nationen wie keine andere Staatengruppe für ein geeignetes Instrument globaler Problemlösung hält und es materiell wie immateriell unterstützt.

Nach dem Scheitern des programmierten Problemlösungsmusters der kollektiven Sicherheit weitete das UN-System seinen autonomen Handlungsspielraum auf der Basis zunehmender Konsensusbildung aus. Diese Entwicklung kann anhand der Friedenssicherung und der Verselbständigung personaler Rollen und institutioneller Funktionen dargestellt werden.

(a) Friedenssicherung

Gerade die Friedenssicherung, die sich im Sprachgebrauch der UN nur auf die personale Gewalt bezieht, ist ein gutes Beispiel dafür, wie fragwürdig es ist, ein politisches System allein oder auch nur vorwiegend nach der Erfüllung seiner formalen Ansprüche oder Ziele, wie sie zum Beispiel in einer Verfassung oder einer Satzung enthalten sind, zu beurteilen. Gemessen an der Funktion der Konfliktlösung schneiden die Vereinten Nationen oberflächlich betrachtet schlecht ab. Neuere empirische Untersuchungen haben gezeigt, daß die UN nur etwa die Hälfte aller internationalen Konflikte aufgegriffen haben und von diesen wiederum kaum ein Drittel durch UN-Aktivitäten gelöst wurde[39]. Selbst im Vergleich zum Völkerbund ist ein Absinken der Problemlösungskapazität bei internationalen Konflikten festzustellen: Da die Anzahl der Erfolge beider Organisationen bei einem weitaus größeren Konfliktpotential seit 1945 etwa gleichgeblieben ist, muß für die UN ein relativer Effektivitätsabfall festgestellt werden[40].

Andererseits zeichnen diese Daten ein sehr undifferenziertes Bild. So absorbiert die Konzentration auf große Konflikte und auf strukturelle Asymmetrien Kapazitäten, die im Bereich kleinerer oder mittlerer Auseinandersetzungen fehlen. Außerdem ist das »Einfrieren« oder die Dämpfung von Konflikten angesichts der Gefahr nuklearer Kriege nicht völlig negativ zu bewerten, wie dies in manchen Beiträgen der radikalkritischen Literatur geschieht[41]. Weiterhin berücksichtigen die Untersuchungen der Friedenssicherung nicht den informalen Beitrag der UN zur Lösung oder Dämpfung von Konflikten. Wie wir jedoch gezeigt haben, kann man die Relevanz der politischen Kommunikation im UN-Rahmen kaum überschätzen. Und nicht zuletzt sei darauf hingewiesen, daß die Vereinten Nationen in innerstaatlichen Entscheidungsprozessen immer mehr von vornherein mitberücksichtigt werden[42].

Im Gegensatz zu den Zwangsinstrumenten der kollektiven Sicherheit konzentrierten sich Aktivitäten der Friedenssicherung seit der Mitte der fünfziger Jahre auf weniger institutionalisierte und flexiblere Techniken der »preventive diplomacy«.

Für die Initiierung von Kontrollhandlungen des UN-Systems können drei Voraussetzungen identifiziert werden: (1) ein Grundkonsensus der Supermächte, von nationalen Interventionen abzusehen und den UN zumindest eine unspezifizierte Rolle zuzubilligen, (2) eine positive Einstellung der offiziellen Regierung des Staates, innerhalb dessen Grenzen die betreffende Krisensituation ausgebrochen ist, und (3) Initiative und Kapazität des Generalsekretärs, genügend nationale Ressourcen zu mobilisieren, um aktiv eingreifen zu können.

Es ist bemerkenswert, wie bereits ein minimaler Konsensus unter den Supermächten die Entfaltung von UN-Kontrollaktivitäten ermöglicht. In dem Augenblick, da Generalversammlung oder Sicherheitsrat ihre Zustimmung erteilt hatten, konnte das UN-System aktiv werden. Dabei war es unnötig, daß konkrete Direktiven gegeben wurden. Zwar kam es hin und wieder vor, daß eine der Supermächte im Verlauf der Aktion ihr Einverständnis rückgängig machte; auch in diesem Fall fand jedoch bisher kein Abbruch des UN-Engagements statt. Untersuchungen haben im Gegenteil gezeigt, daß das System bestrebt ist, den Spielraum der UN-Organisationen aufrechtzuerhalten. So wurden Praktiken beobachtet, die in gefährlichen Situationen und Krisen Abstimmungen vermieden: Informaler Konsensus wurde zum Beispiel dadurch hergestellt, daß der Präsident des Sicherheitsrates nach einer Debatte oder auch hinter den Kulissen ein Meinungsbild herstellte und dieses dem Generalsekretär übermittelte[43]. Das Umgehen einer offenen Kraftprobe schützte das UN-Mandat vor Interventionen des internationalen Systems.

Wie asymmetrisch die Kontrollkapazität des UN-Systems trotz partieller Zusammenarbeit der Supermächte geblieben ist, zeigen folgende empirische Daten[44]. Zwischen 1946 und 1965 schuf das UN-System 69 Organe der Friedenserhaltung, wobei 18 vom Sicherheitsrat und 42 von der Generalversammlung eingesetzt wurden. Den überwiegenden Teil dieser Institutionen befürwortete der Westen, die sozialistischen Staaten stimmten nur für 17. Auch die Zusammensetzung der Organe repräsentativen Typs reflektiert das Übergewicht des Westens: Nur 9 Kommissionen hatten einen mikro-repräsentativen Charakter, in 33 überwog das System der westlichen Allianz. Dieser Überblick enthält keine Trends, basiert vielmehr auch auf Daten der statischen Periode vor 1956. Seither sind deutliche Anzeichen für eine inkrementale Revision der sowjetischen Perzeption zu beobachten. Die UdSSR scheint im Zuge der Nivellierung der amerikanischen Dominanz in den UN geneigter zu sein, Kontrollfunktionen der UN punktuell zu akzeptieren. Dies zeigte sich z. B. in der Kongo- und in der Zypernfrage. Ebenso vermied sie es seit der Mitte der sechziger Jahre zunehmend, durch negative Sanktionen Kontrollaktivitäten des UN-Systems zu beschneiden[45]. Solange jedoch der Ost-West-Gegensatz weiterbesteht, wird die Auslösung von Kontrollaktivitäten stärker von der aktuellen Situation und ihren Konstellationen im internationalen globalen System abhängen als vom Willen der Weltorganisation selbst.

Die zweite Voraussetzung einer UN-Aktion besteht in der Kooperation mit der »Gastregierung«. Hierbei handelt es sich um eine konservative Norm des Systems. Zwar trägt sie auch dazu bei, das Übergewicht der Zwangskomponente zu reduzieren, andererseits reflektiert sie aber das nationale Strukturmuster der Globalgesellschaft und hilft mit, den Status quo in der internationalen Organisation politischer Systeme zu stützen. Da internationale Interdependenzen und Abhängigkeiten die Tabuisierung interner Konflikte durch die UN-Charta illusorisch gemacht hatten, sollte diese Regel der Gefahr zunehmender Erosionen nationaler Souveränitäten Einhalt gebieten.

Wie negativ sich diese Voraussetzung auf Kontrollaktivitäten des UN-Systems auswirken kann, zeigte sich an dem von Präsident Nasser erwungenen Abzug der UNEF im Jahre 1967, der den militärischen Zusammenprall Israels mit der VAR erst ermöglichte. Trotz dieses negativen Aspektes kann man UN-Friedensaktionen nicht pauschal als rigide verurteilen. Oft sind sie in der Lage, Wandlungsfaktoren durch ihre Präsenz zumindest eine Überlebenschance zu erhalten. Auch in der Zypernkrise wurde das Eingreifen der UN durch die Regierung Makarios veranlaßt. Beide Konfliktgruppen versuchten die Weltorganisation für ihre Ziele zu gewinnen und ihre Intervention dahingehend zu lenken. Die UN akzeptierten keine der beiden Versionen ihrer Funktion. Sie konzentrierten sich auf die Pazifizierung und die Normalisierung politischer, sozialer und wirtschaftlicher Beziehungen zwischen den antagonistischen Gruppen der zyprischen Gesellschaft[46]. Heute muß man anerkennen, daß es den UN gelungen ist, einen internationalen Konflikt zwischen Griechenland und der Türkei zu verhindern, einen labilen Zustand innerhalb Zyperns aufrechtzuerhalten, die Dringlichkeit einer Lösung zu vermindern und damit den Streß, der allzuleicht neurotische Verhaltensweisen fördert, abzubauen. UN-Aktionen haben eher die Funktion, Konfliktmuster »einzufrieren«, als sie zu lösen. Daher werden sich Konfliktparteien, die radikale Resultate anstreben oder Bedingungen eines Status quo ante wiederherstellen möchten, gegenüber einem UN-Engagement reserviert zeigen. Diese Hypothese wurde sowohl im nigerianischen als auch im pakistanischen Desintegrationsprozeß bestätigt. Der Ablehnung einer UN-Funktion bei der Liquidierung des Vietnam-Konflikts durch die südvietnamesische Befreiungsbewegung und ihre sozialistischen Schutzmächte liegt dieselbe Überlegung zugrunde.

Das Unvermögen des Sicherheitsrates oder der Generalversammlung, Kontrollaufträge an die UN mit konkreten Direktiven zu versehen, förderte die Autonomie des Generalsekretärs: Die politische Funktion des Sekretariats wurde erweitert, und damit wuchsen auch das Prestige und die Autorität des Rolleninhabers[47]. Versuche, seine personale und institutionelle Autonomie einzuschränken – wie dies zum Beispiel von den Sowjets mit Hilfe der Troika-Formel versucht worden war –, hatten nur begrenzten Erfolg im Bereich der Untersekretäre[48], scheiterten jedoch am Widerstand der Dritten Welt. Obwohl man individuale Fähigkeiten von Amtsinhabern nicht überbewerten sollte, kommt der spezifischen Führungsrolle im UN-System eine besondere Funktion zu. Soll die politische Relevanz der Organisation wachsen, so muß das Sekretariat die Kompetenz besitzen, sowohl Konsensbildung als auch Kontrollaktivitäten gleichermaßen auszuüben. Politische Rollenträger in Sekretariatspositionen sollten daher Diplomaten, Politiker und Administratoren sein. Bei einer ungleichen Verteilung dieser Kompetenzen sind Führungsdefekte kaum zu vermeiden. Die Expansion des autonomen Spielraums der UN kann durch eine geeignete Strategie des Sekretariats gefördert werden. So kommt es auf die aufmerksame und sensible Beobachtung sich wandelnder Ziele und Bedürfnisse des internationalen Systems an, um im geeigneten Moment die Vereinten Nationen ins Spiel zu bringen und die Aufgaben und Ressourcen der Organisation zu erweitern[49]. Die Anerkennung einer politischen Rolle der UN im Bereich der Friedenssicherung, die jenseits rein militärisch-administrativer Aufgaben liegt, durch das internationale System kann als ein Resultat solcher Bemühungen festgehalten werden[50].

(b) Personale und institutionelle Autonomie

Die Ausdifferenzierung einer Problemlösungseinheit impliziert auch neue Rollendefinitionen und die Gründung und Entwicklung selbständiger Verhaltensnormen sowie institutioneller Kapazitäten. Erst wenige Autoren sind der Frage nachgegangen, ob das Verhalten nationaler UN-Delegierter ausschließlich durch ihre nationalen Regierungen bestimmt wird. Kann man von einer Sozialisation im UN-System sprechen, die sich von der des internationalen Systems unterscheidet?

Untersuchungsresultate identifizieren eine Reihe situational und national differenzierter autonomer Bereiche. So bilden nichtnationale Rollen[51] nationaler Delegierter soziale Strukturen, die in die internationalen Beziehungen intervenieren. UN-Delegierte nehmen »broker«-Funktionen in »bargaining«-Prozessen wahr, agieren als Repräsentanten einer Staatengruppe oder besitzen individuale intellektuelle Führungsrollen. Das Muster solcher oft ad hoc wahrgenommener Rollen kommt meist erst in exakten Untersuchungen von Kommunikationsprozessen zum Vorschein. Der Öffentlichkeit sichtbarer sind offizielle Rollen, wie Ausschuß- oder Gremienvorsitz.

Keohane[52] konnte empirisch zeigen, daß sich im Bereich der Generalversammlung ein von nationalen Determinanten autonomes Rekrutierungsmuster entwickelt hat. Er ermittelte einen Trend zu längeren Amtszeiten der nationalen UN-Repräsentanten seit dem Ende der fünfziger Jahre sowie eine Konzentration von Ämtern bei Staaten mit großen Missionen innerhalb regionaler Grenzen. Der Aufstieg zum Vorsitz von Ausschüssen und führenden Gremien folgt heute bereits gewissen Normen: Da sich weder ein Senioritätsprinzip noch eine kohärente Gruppe von Amtsträgern entwickelt hatte, konnte sich ein Rekrutierungsmuster sukzessiven Aufstiegs mit Rotationsprinzip durchsetzen. Dabei sind Transfers von einem Gremium zum anderen selten zu beobachten. Keohane gelang durch diese Resultate die Isolation einer bemerkenswerten Differenzierung des UN-Systems von seiner Umwelt.

Soll ein Problemlösungssystem autonome Entscheidungen fällen, so setzt dies die Entwicklung von Steuerungskapazitäten voraus. Die internationale Beamtenschaft der UN kann als autonome »Speicheranlage« des Systems begriffen werden[53]. Sie besitzt einen Informationspool über vergangene Politiken und akzeptierte Normen der Organisation[54]. Nationale Vorsitzende von UN-Gremien erhalten einen internationalen Beamten zur Seite. Der Vorsitz besteht de facto aus der Interaktion und Kooperation von Vorsitzendem und Sekretariat. UN-Beamte werden auf diese Weise oft zu politischen »Weichenstellern« in Verfahrensfragen und besitzen demnach eine strategische Position. Inwieweit die personale Kapazität des UN-Systems weiter ausgebaut wird, bleibt abzuwarten. Jedenfalls bestehen organisationsinterne Vorschläge, die Qualifikation des Personals durch neue Karrierelaufbahnen zu heben und eine »Entwicklungselite« der Vereinten Nationen auf einem besonderen College auszubilden. Die Weltorganisation wäre so in der Lage, Rekrutierung und Sozialisation ihrer Beamtenschaft autonomer zu bestimmen, als dies zur Zeit der Fall ist.

Die Entscheidungskapazität der Vereinten Nationen umfaßt weiter die Sammlung, Organisation und Präsentation von Background-Informationen auf der Basis eines eigenen Rückkoppelungssystems[55]. Stark beachtet werden muß vor allem die Schaffung eines »Beobachtungssystems über den Verlauf der Planerfüllung« im Subsystem der Weltbank. Jährlich sollen Beobachtungsmissionen zur Evaluation der ökonomischen Entwicklung in alle Peripheriegesellschaften entsandt werden. Schon heute wird vor der Vergabe eines Kredites eine Wirtschaftsanalyse des gesamten Landes gemacht. Regelmäßige Berichte enthalten auch interne und vertrauliche Unterlagen der kreditnehmenden Staaten. Die Weltbank wird demnach allmählich die größte Datenbank für die sozio-ökonomische Entwicklung der Dritten Welt besitzen[56]. Dieser regelungstechnischen Dimension sollten Untersuchungen der Vereinten Nationen in Zukunft mehr Aufmerksamkeit widmen, zumal sie für Fragen der Herrschaftsstruktur und der Gegenstrategie gleichermaßen relevant ist.

Eine Hauptfunktion der UN-Beamtenschaft ist die eines nichtnationalen Monitors der Beziehungen unter den nationalen Repräsentanten und zwischen diesen und den Organisationsrollen. In diesem Zusammenhang wird gerne über die »Supranationalität« des internationalen Beamten spekuliert. Empirische Untersuchungen in diesem Bereich sind jedoch nur spärlich vorhanden. Es gibt weder Beobachtungen noch Messungen des psychologischen Milieus, der Prädispositionsstruktur oder der attitüdinalen Affinitäten nichtnationaler Rollenträger. Wenn man von einer Untersuchung allein[57] ausgehen darf, so scheint lediglich der Nachweis möglich zu sein, daß ein großer Teil von UN-Experten in der einen oder anderen Weise nicht völlig in seine Heimatländer integriert ist. Entweder waren die nationalen Solidaritätsbindungen nur mäßig ausgebildet, oder sie wurden durch die UN-Arbeit geschwächt. Andererseits konnte ein Trend zur Identifikation mit den Vereinten Nationen oder ihren Aktivitäten nicht festgestellt werden. Der UN-Einfluß scheint erst einige individuale Auswirkungen zu haben, wie größere Perzeptionsbreite und den Wunsch nach einer nichtnationalen Erziehung der eigenen Kinder. Untersuchungen über die Einstellung der höheren Beamtenschaft des Sekretariats sind nicht vorhanden. Was bekannt ist, beruht auf impressionistischen oder intuitiven Daten[58] und entspricht daher nicht dem wissenschaftlichen Standard in anderen vergleichbaren Bereichen, so daß auch hier eine deutliche Lücke in der UN-Forschung besteht.

3. Umwelt- und Eigenkomplexität

In einem immer stärkeren Maße werden die Vereinten Nationen von der sich schnell wandelnden Umwelt herausgefordert. Hierbei muß die Problemlösungskapazität der Weltorganisation den neuen Bedingungen angepaßt werden. Wie stark der autonome Spielraum der UN von der Dynamik der Globalgesellschaft beeinflußt wird und welche Gegenstrategien zu entwickeln sind, soll in diesem Abschnitt dargestellt werden.

T. Parsons war einer der ersten, die auf die Expansion zwischengesellschaftlicher Interaktionen unterhalb der Staatsebene aufmerksam gemacht haben[59]. Unterdessen beschäftigten sich bereits zahlreiche Studien mit dem Phänomen einer »transnationalen Gesellschaft«[60] und postulierten vor allem im Bereich der Industriestaaten für die nahe Zukunft eine abnehmende nationale Identifikation[61]. Dies heißt nicht unbedingt, daß die Relevanz der Nationalstaaten sinken wird, doch werden die bisher relativ stark abgeschotteten nationalen Gesellschaften immer durchlässiger, wodurch das Volumen transnationaler Strukturen rapide ansteigt. Transnationale Beziehungen – also Kontakte, Koalitionen und Interaktionen quer über Staatsgrenzen, die nicht von den außenpolitischen Organen der Regierungen kontrolliert werden – bilden heute einen integralen und nicht zu vernachlässigenden Teil der Beziehungen zwischen den nationalen Gesellschaften[62]. Differenziert man dieses von den Politikern als auch von der Wissenschaft erst allmählich wahrgenommene Interaktionsmuster, so kann man zwischen Kommunikations-, Transport-, Finanz- und Verkehrsstrukturen unterscheiden. Wie stark sich dieses Geflecht bereits verselbständigt hat, zeigen die bemerkenswerten Wachstumsraten seiner Organisationen[63].

Im Rahmen dieser Untersuchung kann keine ausführliche Beschreibung der transnationalen Struktur geleistet werden. Es erscheint jedoch wichtig, die Relevanz ihrer Akteure für die Globalgesellschaft kurz anzudeuten. Von besonderem Interesse sind hierbei die multinationalen Wirtschaftskorporationen, da sie aufgrund ihrer Ressourcen, ihrer weltweiten Verflechtungen und ihrer Aktivitäten internationale Probleme sehr stark tangieren. Zwar sind industrielle und wirtschaftliche Korporationen bereits in zurückliegenden Epochen als internationale Akteure aufgetreten[64], doch scheint das Ausmaß, die Macht und die Multifunktionalität moderner Wirtschaftskorporationen eine neue Qualität in die internationalen Beziehungen zu involvieren[65]. 1969 betrug ihr Anteil am gesamten Bruttosozialprodukt außerhalb des sozialistischen Lagers mit 420 Bio. US-Dollar etwa 23 %[66]. Für die achtziger Jahre ermittelten Extrapolationen, daß 300 multinationale Wirtschaftskorporationen zwei Drittel des Weltbruttosozialprodukts herstellen werden[67]. Nur 17 Staaten der Welt haben ein größeres Bruttosozialprodukt als das jährliche Output von General Motors Corporation[68]. Unter diesem Aspekt erscheint es nicht übertrieben zu sein, den Stellenwert mancher transnationaler Strukturen höher einzuschätzen als den des gesamten UN-Systems.

Die »internationale« Politik der transnationalen Akteure reduziert die Wirtschaftskontrolle vieler nationaler Regierungen ganz beträchtlich. So wird die Preisstruktur nationaler Gesellschaften, ihre Zahlungsbilanz, ihr Exportmarkt, Konjunkturzyklus und selbst die Steuerungskapazität von Staatsapparaten eingeschränkt[69]. Noch stärker wirkt sich der Einfluß multinationaler Korporationen auf die Peripheriegesellschaften aus: Kapitalmarkt, Steuervolumen, Infrastrukturausbau, regionale Verzerrungen, Arbeitsmarkt, »brain drain«, Konsumverhalten sowie gesellschaftliche Werte und Normen unterliegen unmittelbar ihrer Manipulation. Zweifellos besitzen transnationale Strukturen eine gewisse Integrationsfunktion für die Globalgesellschaft[70]. Es ist allerdings höchst fragwürdig, ob die Interpretation einer globalgesellschaftlichen Integration unter dem Vorzeichen akkumulativer Steuerungskapazitäten von Wirtschaftsorganisationen wünschenswert wäre. Ihre herausragende Funktion für die imperialistische Struktur der Globalgesellschaft denunziert eine solche Rolle von selbst.

Verschiedene Autoren[71] haben darauf hingewiesen, daß transnationale Strukturen starke direkte und indirekte Impulse für eine wachsende Kooperation unter den politischen Systemen nationaler Gesellschaften erteilen, da sie diese zwingen, sich gegen ihre Einflüsse zu wehren. So entsteht ein kompliziertes Interaktionsgeflecht zwischen Wirtschafts-, Finanz- und Außenministerien sowie Zentralbanken, durch welches versucht wird, Investitionsbewegungen, Geldfluß, Warenströme und geographische Mobilitäten zu steuern. Neuere Voraussagen im Rahmen der globalgesellschaftlichen Umweltproblematik weisen darauf hin, daß das wachsende Bevölkerungsvolumen, die steigende soziale Komplexität und Ressourcenknappheit eine Stärkung der Staatsapparate nach sich ziehen wird[72]. Wie sich wissenschaftliche Hinweise auf die Inkompatibilität von Interessen transnationaler Akteure und nationaler Regierungen im Nord-Süd-Konflikt[73] durchsetzen werden, bleibt allerdings abzuwarten; vorerst scheint das Verhalten der Wirtschaftsakteure gegenüber der Dritten Welt politischen Hemmnissen ihrer Heimatregierungen kaum zu unterliegen.

In einer solchen Situation stellt sich die Frage, wie das UN-System auf die wachsende Komplexität seiner Umwelt reagiert. Wie für alle sozialen Systeme gilt auch für die Vereinten Nationen, daß je komplexer ihre Umwelt organisiert ist und je zahlreicher ihre Kommunikationen zur Umwelt werden, desto mannigfaltigere Arten der Kontrolle und Systemerhaltung notwendig sind[74]. Wächst die Komplexität der Umwelt und damit die Zahl und Komplizität sozialer Probleme, so muß auch der systemische Entscheidungsapparat funktionsadäquat angepaßt werden, um die Regelungskapazität des Systems zu erhalten[75]. Der Komplexitätsgrad eines Systems wird durch die Anzahl und Differenzierungshöhe von Aufgabenbereichen und systemischen Rollen bestimmt.

Die Fähigkeit, responsiv auf Umweltveränderungen einzugehen, setzt eine relativ ausgeprägte Autonomie voraus. Doch sollte man hierbei sehr scharf zwischen einer gewissen Homöostase oder Ultrastabilität auf der einen Seite sowie einer funktionskonformen aktiven Reaktion unterscheiden. In jenem Falle bemüht sich das System im Kontext sich wandelnder Bedingungen lediglich, seine Existenz aufrechtzuerhalten, in diesem jedoch antizipiert es autonom neue relevante Probleme und Aufgaben und versucht seine eigene Identität auf diese einzustellen. Alte, doch unbewältigte Probleme werden nach ihrem gegenwärtigen Stellenwert eingeschätzt und in Abklärung mit den bestehenden Lösungsmöglichkeiten und -grenzen in die Agenda der Organisation neu eingestuft. Eine Analyse der UN-Aktivitäten unter diesem Aspekt ist erst in Ansätzen vorhanden, wäre jedoch sowohl aus theoretischen als auch aus praktischen Gründen für die Entwicklung strategischer Wachstumstheorien für internationale Organisationen von großem Wert.

Besteht für eine Organisation die Gefahr eines Mißerfolgs oder sieht sie, daß ihre Ziele nicht mehr mit ihrer Umwelt übereinstimmen, so trachtet sie danach, neue Probleme zu finden, die ihre Existenz erforderlich oder gratifizierend werden lassen[76]. Daher kann sie auch bestrebt sein, ihre ursprünglichen Ziele zu revidieren. N. F. Dufty[77] zeigte anhand der Internationalen Arbeitsorganisation (ILO), einem Subsystem der Vereinten Nationen, daß dieser Prozeß graduell verläuft. Die früheren Primärziele rücken allmählich, ohne jedoch formal aufgegeben zu werden, ins zweite Glied. Dieser Programmwandel erfolgt einerseits unter dem Druck der Umwelt, wird jedoch gleichzeitig durch die Entscheidungseinheit der Organisation unterstützt. Was die ILO-Studie nicht leistete, ist die Differenzierung zwischen dem ultrastabilen Verhalten eines Systems und der aktiven perzeptiven Reorganisation seiner Entscheidungsstruktur. Es ist nicht abzustreiten, daß auch internationale Bürokratien eher einer Loyalität zur Organisation als zu ihren Zielen zuneigen, doch ist es ein Unterschied, ob das Wachstum einer Organisation neben anderen Zielen angestrebt wird oder ob das Wachstum die Problemlösungsfunktion dominiert.

Eine Beurteilung der Entwicklung der Vereinten Nationen anhand einer solchen Fragestellung kann hier nur tentativ erfolgen. Dabei spielt die normative Grundlage einer solchen Evaluation eine entscheidende Rolle. Empirische Untersuchungen weisen den UN in vielen Bereichen beträchtliche Effektivitätsmängel nach. So ist zum Beispiel die Entwicklungspolitik durch Kompetenzüberschneidungen, Dezentralisation, mangelhaftes Management und Informationsüberlastung in ihrer Leistungsfähigkeit so beeinträchtigt, daß bereits 20 % der zur Verfügung stehenden Mittel organisatorischem Leerlauf zum Opfer fallen[78]. Eine Hauptkritik geht dahin, daß zu viele Initiativen Institutionen und Konferenzen entstehen lassen. Sarkastisch wird betont, daß die Tendenz bestehe, jedem neuen Vorschlag eine neue Institution zuzuordnen[79]. So gesehen, könnte das Wachstum der Weltorganisation und die Erweiterung ihrer Komplexität geradezu als krankhafte Wucherung interpretiert werden, da das Eindringen in immer neue Aufgabenbereiche[80] auf Kosten effektiver Problemlösung geschieht.

Andererseits ist eine solche Interpretation zumindest zum Teil als status-quo-stützend und im Interesse der dominanten Industriestaaten liegend auszulegen. Wenn sich das programmierte Instrument der kollektiven Sicherheit als untauglich für eine Problemlösung erwies, so war die Suche nach neuen Alternativen innovativ. Ebenso angemessen erscheinen die Prioritäten der anstehenden Rollenbündel: Wandlungsfaktoren im internationalen System haben die Dringlichkeit von Ost-West-Fragen und später der Dekolonialisierung reduziert oder aufgehoben. Imperialismus- und Umweltproblem beherrschen heute zu Recht die Agenden der Vereinten Nationen. Daß sich in einer so veränderten Umwelt auch Zielhierarchien und Instrumentarien wandeln müssen, liegt auf der Hand. Auch Wachstums-, Koordinations- und Kapazitätsdefekte sind hierbei nicht auszuschließen. Doch scheint die angemessene Reaktion darauf nicht allein in einer technokratischen Rationalisierung und Zentralisierung beispielsweise der Entwicklungspolitik zu liegen, wie sie der Jackson-Bericht[81] fordert. Worauf bereits hingewiesen wurde, besitzt die Ausdifferenzierung neuer Institutionen, die Dezentralisierung von Kompetenzen und die Steigerung der Partizipation im Rahmen einer Strategie der Organisation und der Entwicklung einer Konfliktfähigkeit der Peripherienationen einen hohen Stellenwert. Erst eine Integration beider Aspekte, auf die noch zurückzukommen sein wird, könnte für die Hebung der Problemlösungskapazität der Vereinten Nationen hilfreich sein.

Doch muß die System-Umwelt-Beziehung in der vorliegenden Diskussion zu noch weiter reichenden Konsequenzen vorangetrieben werden. Die zunehmende Bedeutung der transnationalen Strukturen weist auf die Notwendigkeit einer systemischen Transformation des UN-Systems hin. Eine wachsende Komplexität der gesellschaftlichen Umwelt tendiert dazu, eine Organisation, die exklusiv auf der Basis nationaler politischer Systeme beruht, zu überfordern. Eine Problemlösungs-Organisation der Globalgesellschaft sollte ein System sein, das aus inter- und transnationalen Regelkreisen besteht[82]. Die Einheiten eines solchen Systems wären internationale Organisationen der Staaten und transnationale Akteure. Höchstwahrscheinlich wird die globalgesellschaftliche Problemlösungseinheit der Zukunft aus so einer Superorganisation bestehen. Die Vereinten Nationen sollten eine solche Transformation der Struktur im Interesse ihrer Funktion fördern. Für die Forschung hebt dieser Trend zu einer »Weltinnenpolitik« die traditionale Trennung von Innenpolitik und internationalen Beziehungen allmählich auf und mündet in einer osmotischen Synthese[83] beider Bereiche.

Die Aufgabe der Vereinten Nationen ist es, einen Beitrag zur Lösung globalgesellschaftlicher Probleme zu leisten, die von den Nationalstaaten nicht bewältigt werden. Ich habe bisher versucht, zu zeigen, wie stark die Problemlösungsfunktion Wandlungsfaktoren des internationalen Systems und der Globalgesellschaft unterliegt. Nicht nur die Probleme wechseln, Möglichkeiten, Grenzen, Perzeptionen der Organisation und der Globalgesellschaft, Instrumentarien und Verhaltensweisen der UN fluktuieren ebenfalls. In diesem Kontext werden Zukunftsperspektiven der System-Umwelt-Beziehung angerissen und sollen nunmehr in einer Diskussion innovativer Strategien berücksichtigt werden. Die Frage lautet: In welcher Richtung und durch welche Methoden kann der autonome Spielraum der Vereinten Nationen erweitert werden, um die Problemlösungskapazität des Systems zu heben?

Beobachtungen und Untersuchungen der neuesten Entwicklung im Bereich internationaler und transnationaler Strukturen weisen auf einen Trend hin, der sowohl zunehmende Kontakte internationaler und transnationaler Organisationen als auch organisatorische Ausdifferenzierungen höherer Komplexität umfaßt. So scheint der Grad der Kooperation unter den transnationalen Akteuren zu wachsen. Empirische Forschungen ergaben fast 100 Superorganisationen, die teilweise oder ausschließlich aus transnationalen Einheiten bestehen[84]. Etwa ein Drittel aller nichtgouvernementalen Organisationen (NGOs) hat Beziehungen zu anderen NGOs[85]; ein kleiner Teil knüpft auch Kontakte zu internationalen Organisationen, wie z. B. der ILO oder der EG[86].

Für die Zentralorganisationen der UN ist diese Entwicklung neu. Erst im Zusammenhang mit der intensiven Vorbereitung der Umwelt-Konferenz von Stockholm 1971 wurden transnationale Organisationen an der Diskussion eines UN-Problems beteiligt[87]. Nationale und transnationale Interessengruppen verschiedenster Ausrichtung schalteten sich in die »rolling debate« der internationalen Konferenz-Diplomatie ein. Diese Tatsache wurde als Durchbrechung traditionaler Problemlösungsmuster der UN angesehen und begrüßt. Neuere Analysen[88] halten es nicht für möglich, ohne die Integration transnationaler Strukturen in die Weltorganisation über eine Analysefunktion hinaus zu einem aktiven Problemlösungsbeitrag vorzustoßen. Es wird daher angenommen, daß in Zukunft internationale Institutionen nichtgouvernementale Akteure stärker beteiligen werden, was zweifellos realistisch und problemlösungskonform ist, andererseits jedoch auch neue Konflikte erzeugt. Koalitionen zwischen internationalen und transnationalen Strukturen, bei denen letztere als Pressure-groups gegen nationale Staatsapparate verwendet werden könnten, erscheinen als neue Konfliktursachen[89]. Trifft diese Feststellung schon allgemein zu, so werden sich gegenüber den »geschlossenen« Systemen des sozialistischen Lagers diesbezüglich erst recht Konfliktlinien abzeichnen. In welchem Ausmaß es diesen Staaten auf die Dauer gelingen wird, Penetrationen durch transnationale Strukturen zu verhindern, bleibt abzuwarten.

Geht man davon aus, daß in nächster Zukunft effektive Problemlösungen für die Globalgesellschaft nur noch im Rahmen kombinierter inter- und transnationaler Interaktionsmuster geleistet werden können, so stellt sich die Frage nach den geeigneten strukturellen Bedingungen und Methoden. Welche transnationalen Strukturen sollten vorzüglich berücksichtigt werden und was für organisatorische und strategische Maßnahmen wären einzuleiten oder zu fördern, um die Problemlösungskapazität des gesamten Systems zu steigern? Eine Reflexion dieser Fragen könnte dazu führen, die zu erwartenden Umweltveränderungen politisch und eventuell auch organisationstechnisch zu antizipieren.

Soll das Ziel der UN, die Verminderung struktureller Gewalt in der Globalgesellschaft, beibehalten werden, so genügt es nicht, die leistungsfähigen transnationalen Akteure von Wirtschaft und Handel in die Weltorganisation einzubeziehen, da so nur das schon bestehende Ungleichgewicht der Schichtung gestärkt würde. Es ist vielmehr notwendig, direkte transnationale Kontrahenten der Wirtschaftskorporationen ebenfalls zu integrieren, um gegebenenfalls einen problemlösungsadäquaten, d. h. nichtmilitärischen Kommunikationsprozeß zwischen beiden zu erzwingen[90]. An welche Organisationen wäre hierbei jedoch zu denken?

R. Jenkins[91] sieht in den revolutionären Befreiungsbewegungen die einzige Gegenpartei zu den Wirtschaftsorganisationen, die globale Ausbeutungsverhältnisse bekämpft. Kann man diese als transnational bezeichnen? Zweifellos gibt es in der Dritten Welt eine Art »weltrevolutionäre Gesellschaft«[92] mit einer relativ kohärenten Strategie, einem Solidaritätsgefühl und gemeinsamen ideologischen, politischen und militärischen Lehrmeistern wie Lenin, Mao, Guevara und Giap. Die organisatorische Kristallisation dieser vorwiegend informalen Bindungen ist dagegen mehr als bescheiden. In Afrika gingen revolutionäre Bewegungen immerhin formale Allianzen ein[93], wie sie in Lateinamerika kaum bestehen. Dafür erscheint die Solidarität unter den lateinamerikanischen Revolutionären wesentlich entwickelter als zwischen afrikanischen. Der transnationale Bezugsrahmen fehlt hingegen beiden. Während die Lateinamerikaner politische Reorganisationsstrategien noch für ihren gesamten Subkontinent reflektieren, interessieren sich afrikanische Revolutionäre für eine Transformation der politischen Strukturen Afrikas kaum. Revolutionäre mit transnationalen Perspektiven sind heute Ausnahmen (Guevara, Habasch); die Tatsache, daß es fast keine »internationalen Brigaden« in Befreiungskämpfen gibt, ist nicht nur auf die Guerilla-Taktik zurückzuführen. Überhaupt erweist sich das nationale Territorium in der Dritten Welt nach wie vor als Fixpunkt politischen Denkens und Handelns. Das führt dazu, daß die Etablierung einer revolutionären Befreiungsbewegung als politische Elite eines Nationalstaats in der Regel den Abbruch der Beziehungen zur weltrevolutionären Gesellschaft nach sich zieht und somit die transnationale revolutionäre Struktur schwächt.

Stärker erscheinen transnationale Organisationen, die sich nach den drei »revolutionären« Zentren Moskau, Peking und Havanna orientieren. Sowohl die UdSSR als auch die VR China haben es jedoch bislang versäumt, solche Strukturen zu fördern, wenn sie sich nicht ihren Interessen unterordneten[94]. Einen nicht zu unterschätzenden Einfluß auf die Solidarisierung revolutionärer Gruppen und Parteien in der Dritten Welt übte die Organisation der Solidarität afroasiatischer Völker (AAPSO) aus. Seit 1958 trug sie zur Dekolonialisierung des afrikanischen Kontinents bei. Hierbei gelang zeitweilig die Artikulation einer antiimperialistischen Solidarität. Mitte der sechziger Jahre jedoch zeigte sich die Begrenztheit der Basis. Auf der einen Seite das abnehmende Engagement der nunmehr etablierten Revolutionäre, auf der anderen der ideologische und politische Konflikt zwischen Moskau und Peking; so versandete die revolutionäre Dynamik der Organisation. Ihr Wiederaufleben in der »Tricontinentalität« (OSPAAAL) 1966 war zwar ein Moment der Verselbständigung gegenüber Moskau und Peking[95], zeigte ihre Ohnmacht jedoch deutlich darin, wie ihre Arbeitskapazität ständig von theoretischen Flügelkämpfen der etablierten Kräfte im sozialistischen Lager mißbraucht wurde. So ist auch diese Organisation wenig mehr als ein Zentralbüro, ein Clearinghouse der Propaganda und ein Symbol revolutionärer Befreiung vom Imperialismus.

Von der organisatorischen Kapazität sowie den zur Verfügung stehenden politischen, personalen und materiellen Ressourcen her gesehen, bilden heute transnationale Gewerkschaftsstrukturen eine zwar ambivalente, doch bedeutend realistischere Alternative zum System der Wirtschaftskorporationen. Vor allem seit dem Ende der sechziger Jahre, als der wachsende Einfluß der multinationalen Konzerne wahrgenommen wurde, verlagerten sich die transnationalen Labour-Aktivitäten auf den Ausbau von Gegengewichten zu den Wirtschaftsorganisationen[96]. Der Schwerpunkt dieser Entwicklung liegt allerdings innerhalb des industrialisierten Nordens; doch allmählich wird auch die Dritte Welt mit einbezogen. Institutioneller Ort dieser Konzentrationsbewegung ist das System des International Trade Secretariat. Erreicht werden soll zunächst ein transnationales »bargaining«-Muster, wodurch Ausweich- und Verlagerungsbewegungen internationaler Konzerne begegnet werden kann[97]. Es ist anzunehmen, daß die aus dem nationalstaatlichen Bereich bekannten Beziehungen zwischen Arbeitgebern und Gewerkschaften auch in die transnationale Dimension verlängert werden.

Problematisch wirkt sich dieses neue Interaktionsgeflecht für die Dritte Welt aus. Zwar werden Möglichkeiten geschaffen, auf dem Umweg über transnationale Organisationen Druck auf die ausländischen Firmen auszuüben, doch setzt dies eine Interessenkonvergenz zwischen den Gewerkschaften der Industrie- und der Peripheriegesellschaften voraus. Dem stehen jedoch Unterschiede im Entwicklungsgrad und im Funktionscharakter entgegen. Zum einen sind die Gewerkschaften der Entwicklungsländer von denen der Industriestaaten, sobald sie sich mit ihnen zusammenschließen, finanziell, organisatorisch und politisch abhängig. Hinzu kommt, daß die Gewerkschaften der Metropolen eine Hohe-Löhne-Politik verfolgen, die armen Ländern jedoch arbeitsintensive Bedingungen anstreben müssen. Zwar könnte dies, wie das Verhalten schwedischer Gewerkschaften zeigt, vorübergehend harmonieren, da arbeitsintensive Industriezweige in Entwicklungsländer transferiert würden, doch handelte es sich hierbei langfristig gesehen um eine Verfestigung der ökonomischen Asymmetrie, da der Produktionstransfer vor allem weniger profitable und nur unzulänglich entwicklungsfördernde Industrien beträfe[98]. Eine weitere Diskrepanz ergibt sich aus der Funktion der Gewerkschaften in den Peripheriegesellschaften. Nur wenige sind dem Typ der Interessengruppe zuzuordnen; diese besitzen allerdings die meisten transnationalen Bindungen, und ihre Mitglieder gehören den Mittelschichten ihrer Gesellschaften an. Die Mehrheit besteht aus Mobilisierungsgewerkschaften, die ihre Mitglieder im Rahmen des »nation-building« ihrer politischen Eliten organisatorisch erfassen und indoktrinieren. Meistens sind sie gegen eine wirtschaftliche Penetration durch ausländische Großkonzerne; ihre transnationalen Kontakte sind jedoch gering.

Solche Gewerkschaftsstrukturen zeigen, daß derzeit homogene »Big-Labour«-Organisationen im transnationalen Bereich, die den Abbau globalgesellschaftlicher Asymmetrien betreiben würden, schwer vorstellbar sind. Man kann höchstens langfristig die Formierung und Solidarisierung transnationaler Mobilisierungsgewerkschaften der Peripherie anstreben und anschließend auf eine Integration dieser Kräfte mit den Gewerkschaftsstrukturen der Industriegesellschaften hinarbeiten. Was demnach zuvor über die Notwendigkeit der Eigenorganisation der Staaten der Dritten Welt gesagt wurde, gilt auch analog für ihre Gewerkschaften. Bereits heute sollten jedoch

Kommunikationen zwischen den Gewerkschaften der Industrie- und der Peripheriestaaten so weit entwickelt werden, daß sich der Einsatz von Gewerkschaften der Industriestaaten gegen penetrationsfeindliche Gewerkschaften der Entwicklungsländer, wie dies zum Beispiel durch die amerikanische Stahlarbeitergewerkschaft in Jamaika geschah, nicht mehr wiederholt[99].

Eine engere Zusammenarbeit der Gewerkschaften von Peripherie- und Industriestaaten wäre auch geeignet, breit angelegte Lernprozesse in den Industriegesellschaften einzuleiten, die auf eine stärkere Solidarität der Peripherien von Industrie- und Entwicklungsländern hinwirken würden. Eine Reduktion struktureller Gewalt zwischen den Metropolen und den Peripheriegesellschaften ist nicht allein über inter- und transnationale Interaktionen zu erreichen; sie bedarf vielmehr auch innergesellschaftlicher Unterstützung. Verschiedene Autoren haben bereits auf die Existenz und die politische Wirksamkeit transnationaler Werte- und Normen-Strömungen hingewiesen[100]. Zu erinnern wäre hierbei an die Entstehung einer transnationalen politischen Kultur der neuen Linken in den sechziger Jahren, ihr Engagement gegen den Vietnam-Krieg und ihre zahlreichen indirekten Impulse für innergesellschaftliche Reformen. Ebenso zu beobachten ist die Kristallisation transnationaler Einstellungen von Jugendlichen in der »nachindustriellen« Gesellschaft[101] sowie die Entwicklung transnationaler Identifikationen mit globalgesellschaftlich orientierten Zielen der Friedens- und Entwicklungsforschung. In diesem Kontext könnten transnationale Gewerkschaftsorganisationen über ihre nationalen Subsysteme problemlösungskonforme Aktivitäten entfalten. Die »Transnationalisierung« der modernen Gewerkschaftsbewegung erfordert Reflexionen über neue Funktions- und Verhaltensdefinitionen und macht auf die Dauer eine klare Stellungnahme zu globalgesellschaftlichen Problemen unumgänglich. Unter diesen Bedingungen besitzt aber auch das UN-System Ansatzpunkte, um innerhalb des Nord–Süd-Konflikts innovative Impulse zu erteilen.

4. Problemlösungsstrategien der Vereinten Nationen

Soziale Barrieren in resistenten Strukturen lassen sich durch Zwangs-, Verhandlungs- und normativ-reedukative Strategien bekämpfen[102]. Während Zwangsstrategien Machtmittel, Drohung und Druck anwenden, versuchen Verhandlungsstrategien utilitaristische Erwägungen in den Vordergrund zu spielen, um zu rationalen Kompromissen zu gelangen. Normativ-reedukative Strategien wiederum streben über Lern- und Überzeugungsprozesse Einstellungs- und Wahrnehmungsveränderungen an. Zunächst wende ich mich den Zwangsverfahren zu.

a) Zwangsstrategien

Ausgebeutete und benachteiligte Gesellschaften und Staaten besitzen ein sehr eingeschränktes Machtpotential, mit dem sie Druck ausüben könnten. So trivial diese Feststellung erscheint, so pauschal ist sie auch. Setzt man nämlich ein gewisses Maß an Organisationsfähigkeit voraus, so ergeben sich unter bestimmten strukturellen Bedingungen auch Möglichkeiten der Druckausübung. Zunächst sei die Strategie der Gewaltlosigkeit erwähnt, die unter einem moralischen Imperativ demonstrativ Ungerechtigkeit und Grausamkeit offenlegt. J. W. Zartman hat die Verwendbarkeit dieses Mittels im Rahmen der Beziehungen zwischen der EG und den assoziierten Staaten Afrikas untersucht und ihm unter bestimmten Bedingungen einen begrenzten Erfolg zugesprochen[103]. Soll jedoch ein solches Verhalten die kontrollierenden Gruppen und Organisationen der Industriestaaten »demoralisieren« und zu Zugeständnissen verleiten, so müßten sich Einstellungen, Werte und Normen innerhalb der Industriegesellschaften zugunsten der Entwicklungsländer verändern. Größere Erfolge der Strategie der Gewaltlosigkeit wären nur in Kombination mit anderen Methoden wahrscheinlich. Auch der Einsatz politischer Institutionen wirkt sich nur begrenzt aus. Bedeutende Abstimmungssiege der Dritten Welt in den egalitären UN-Organen versehen zwar die erhobenen Forderungen mit der Macht der Legitimität, doch auch hier erweisen sich die Konsequenzen als gering. Die Nebenwirkungen solcher institutionellen Kraftakte, interne Solidarisierung der Peripheriegesellschaften und Signalisierung spezifischen Drucks, erscheinen wichtiger als ihre Chance, Innovationen durchzusetzen.

Unter diesen Bedingungen stellt sich die Frage, ob aus der im UN-Rahmen eingeleiteten und geförderten Organisationskapazität der Peripheriegesellschaften, deren Ziel es ist, auch außerhalb der Weltorganisation starke internationale und transnationale Kommunikationsverflechtungen zu initiieren, nicht auch Konfliktfähigkeit entwickelt werden könnte. Durch kollektive Aktionen oder Leistungsverweigerung müßten die Industriestaaten zu Zugeständnissen auf dem Redistributionssektor und in der Schichtungsfrage veranlaßt werden. Ein entsprechendes Druckinstrumentarium bietet sich dort an, wo Industriegesellschaften relativ abhängig sind (z. B. Rohstoffsektor) und Peripheriegesellschaften gleichzeitig direkten Einfluß ausüben können. Abhängigkeit setzt in diesem Zusammenhang also nicht nur voraus, daß Rohstoffe aus den Peripheriestaaten für die Entwicklung der Industriestaaten notwendig sind, sondern auch, daß die Entwicklungsländer in der Lage sind, ihren Beitrag zur Reproduktion der Zentren zu verweigern.

N. Choucri und J. P. Bennett[104] haben darauf hingewiesen, daß die industriellen Entwicklungstendenzen führender Wirtschaftsmächte eine zunehmende Abhängigkeit von bestimmten Rohstoffen erwarten lassen, die wiederum immer knapper werden. Betroffen sind davon vorrangig die USA und Japan, teilweise auch Westeuropa. Dagegen ist die VR China völlig, die UdSSR zum größten Teil autark[105]. Die USA benötigen aus externen Quellen Mangan, Nickel, Platin, Zinn, Bauxit, Beryllium, Chrom, Kobalt und Fluorkalzium. Etwas weniger abhängig sind sie von Quecksilber-, Titan-, Eisenerz- und Aluminium-Importen. Der größte Druck wird von dem für die Stahlproduktion wichtigen Mangan erzeugt. Die USA kämen unter starken wirtschaftlichen und damit auch sozialen und politischen Streß, wenn ihre Austauschbeziehungen mit Lateinamerika (Brasilien, Jamaika), Südostasien (Malaysia, Thailand, Philippinen) und Afrika (Gabun, Republik Südafrika) unterbunden würden. Dieses technische und geographische sowie wirtschaftliche Dilemma zwingt den USA zwar eine globale und offene Politik auf, determiniert jedoch nicht den Charakter ihres internationalen Verhaltens[106].

Offensichtlich handelt es sich bei der Abhängigkeit von Rohstoffen, die ausschließlich oder zumindest in der bevorzugten Qualität nur aus den Staaten der Dritten Welt bezogen werden können, um einen neuralgischen Punkt der globalen Asymmetrie. Zwar könnten die Industriestaaten durch den Abbau geringwertiger Lager auf eigenem Territorium sowie in politisch geschützten Ländern oder durch die Entwicklung synthetischer Ersatzstoffe Streß abbauen, doch wäre dieser Ausweg bereits durch erhöhte Kosten und Umweltdefekte größtenteils wieder aufgehoben. Auch der Ankauf in den sozialistischen Ländern ist angesichts der militärisch-strategischen Relevanz mancher Erze und der weiterbestehenden Systemkonkurrenz keine wirkliche Alternative[107]. So schwer man sich einen rationalen Ausweg aus diesem Dilemma vorstellen kann, so ambivalent erscheint andererseits das Druckpotential der Peripheriestaaten, da wiederum Import- und Handelsabhängigkeiten der Dritten Welt bestehen und Gegenaktionen der Industriestaaten weitaus wirksamer sein müßten. Bis vor kurzem galten Kampfmaßnahmen der Peripherienationen nach dem Vorbild des gewerkschaftlichen Arbeitskampfes in den Industriegesellschaften als undurchführbar. Seit den Boykott-Aktivitäten der arabischen Erdölproduzenten müssen jedoch regional oder gar global organisierte Zwangsstrategien als reale Möglichkeiten einer Strukturtransformation berücksichtigt werden. Die Organisationskapazität der Peripherienationen ließe sich sowohl sektoral (z.B. Erze) als auch methodisch (Streik- und Behinderungsaktionen) ausbauen, um den Einfluß der Peripherie auf die Kostengestaltung der Rohstoffe zu erweitern.

Auf der anderen Seite ist nicht an eine Art Klassenkampf globalen Ausmaßes gedacht. Es wäre illusionär, zu glauben, Zwangsmechanismen könnten die bestehenden Probleme lösen. Dazu ist auch der technische und militärische Vorsprung sowie die Organisations- und Regelungskapazität der Industriestaaten zu groß. Bereits heute kann man anhand theoretischer und punktuell auch empirischer Reaktionsweisen der Industriestaaten wahrscheinliche Gegenbewegungen erkennen, die im Prinzip das feudale Interaktions- und Kommunikationsmuster auf einer anderen Ebene erneuern. So können Solidarisierungstendenzen in der Dritten Welt durch Differenzierung und wahlweise Privilegierung bestimmter Entwicklungsländer unterlaufen werden. Entwicklungsgrad, politische Zuverlässigkeit und strategische bzw. Ressourcen-Relevanz bilden Hauptkriterien für die Konzentration immer knapper werdender Mittel der Entwicklungsförderung auf ausgewählte Staaten. Durch eine Belohnung mit regionalen Stellvertreterfunktionen und schnellerer Integration in das globale kapitalistische System entstünde dadurch eine Art periphere Aristokratie, die an der Aufrechterhaltung der Systemstruktur interessiert sein könnte. Eine regionale Führungsrolle solcher Staaten zeigt sich auch in den Vereinten Nationen: Die wirtschaftlich fortgeschrittensten Staaten einer Gruppe von Entwicklungsländern werden am häufigsten in Entscheidungsgremien delegiert[108]. Wie stark indessen die Bildung einer solchen Führungsschicht von Peripheriestaaten ausschließlich einer verbesserten Steuerung durch die Metropolen dient und nicht vielmehr autonome Freiräume schafft und die Organisationskapazität der Peripherie fördert, sollte näher untersucht werden.

Obwohl man also einige Ansätze für ein dynamisches Druckpotential identifizieren kann, bleiben Zwangsstrategien eine sehr vage Alternative. Doch sollten Zwangsstrategien nicht isoliert betrachtet werden, sondern im Zusammenhang mit Verhandlungs- und normativ-reedukativen Methoden. Alle drei Alternativen innovativer Strategien wären im Idealfall durch Rückkoppelungen verbunden. UN-Organe könnten durch Kanalisation und Koordination verstreut auftretende Konfliktenergien in eine bewußt zielorientierte Verhandlungsstrategie umsetzen.

(b) Verhandlungsstrategien

Innovationen können auch im Rahmen von »bargaining«-Mustern vorangetrieben werden. Dies sind Verhandlungsstrukturen zum Ziel der Übereinkunft darüber, was jede Seite in Transaktionen unter den Beteiligten geben und empfangen soll[109].

Der Aufbau formaler »bargaining«-Strukturen im UN-System hat nicht nur den Vorteil, auf bereits bestehende und vergleichsweise gut organisierte Institutionen zurückgreifen zu können; auch das Raster relativ differenzierter und heterogener Verhandlungsgruppen ist positiv zu verzeichnen. Unter den Industriestaaten können zum Beispiel kapitalistische und sozialistische Staaten unterschieden werden; jene Gruppe besteht wiederum aus verschiedenen konkurrierenden politischen und ökonomischen Einheiten. Zusätzlich ist auf seiten der Industriestaaten noch die traditionale Vermittlergruppe der Skandinavier, der Niederlande, Österreichs und Irlands zu nennen. Unter den Peripheriestaaten kann man ebenfalls starke Differenzen wahrnehmen: regionale Interessen, die Gruppe der Ärmsten sowie internationale radikale und gemäßigte Strömungen. Die Einbeziehung transnationaler Akteure wäre geeignet, die Heterogenität der beiden Konfliktparteien zusätzlich zu erhöhen.

Vorausgesetzt, in beiden Formationen herrscht bei anhaltenden internen Differenzen ein gewisser Grundkonsensus, so bestünde eine gute »bargaining«-Situation. Im Bereich von Arbeitgeber-Gewerkschafts-Beziehungen war festgestellt worden, daß »bargaining«-Prozesse, in denen beide Parteien intern Konflikte aufweisen, relativ erfolgreicher verlaufen als solche, deren beide Gruppierungen homogen und geschlossen sind[110]. Dieses Resultat aus Simulationsexperimenten geht im Ansatz auf die These vom positiven Beitrag von Konflikten und sich überlappenden Konfliktlinien für die Stabilität eines Systems zurück[111]. So könnte man sich von Fall zu Fall wechselnde Koalitionen der Entwicklungsländer mit den sozialistischen Staaten, Vermittlergruppen und transnationalen Akteuren vorstellen. Besonders interessant ist der Gegensatz von Vertretern der exportorientierten Investitionsgüterindustrien einerseits sowie der extraktiven und Konsumgüterindustrie andererseits. In »bargaining«-Prozessen müßte zum Beispiel die Interessenkonvergenz der reformorientierten industriellen Bourgeoisie der Peripheriegesellschaften und der Investitionsgüterindustrie der Industriestaaten gegen die Zwänge des traditionalen Rohstoff-Exports auszuspielen sein. Auf jeden Fall bringt ein hochkomplexes Konfliktmuster mehr Ansatzpunkte für die sukzessive Ausweitung autonomer Spielräume als die rigide Konfrontation zweier Lager. Die Förderung von »cross pressures« in der Nord–Süd-Dimension wäre geeignet, die Problemlösungskapazität des UN-Systems mittels Konsensusbildung zu steigern.

Ein weiterer positiver Faktor für die »bargaining«-Position der Peripherienationen ist die Existenz transnationaler oder subnationaler revolutionärer Kräfte. Untersuchungen ergaben, daß Entwicklungsländer um so erfolgreicher waren, höhere Gewinnsätze aus extraktiven Investitionen auszuhandeln, je mehr sie »aggressive Nationalistengruppen« innerhalb ihres Landes berücksichtigen mußten[112]. Der Hinweis auf bedeutend radikalere Gruppen und Methoden sowie das mögliche Wachstum anomischer Gewaltreaktionen, wie sie bereits in der Form von Flugzeugentführungen und ähnlichen Terrorakten bekannt sind, erscheint ebenfalls in der Lage, die Aufgeschlossenheit der Industriestaaten zu fördern. Die Ohnmacht der Industriegesellschaften gegenüber Gewaltakten, wie sie sich zu den Olympischen Spielen 1972 ereignet haben, sollte eher therapeutische Reflexionen und Maßnahmen gegenüber den strukturellen Ursachen fördern als nutzlose Kontroll-Exzesse an den Symptomen. Konfrontiert mit einer sichtbaren Eskalation der Konfliktfähigkeit, in deren Rahmen auch revolutionären transnationalen Strukturen ein signifikanter Stellenwert zukommt, werden die Industriestaaten zunehmend bereit sein, »bargaining«-Prozesse als geringeres Übel zu akzeptieren.

Unter solchen Bedingungen kommt den Vereinten Nationen auch eine Vermittlungsfunktion zu[113]. Es ist bedauerlich, daß dieser Aktivitätstyp im internationalen System noch kaum erforscht ist[114]. Eine ganze Skala von Vermittlungskategorien wäre hier zu nennen: Anbieten eines Verhandlungsortes und des dazugehörigen Konferenzapparates, Servicefunktionen bei der Kommunikation der Parteien, Untersuchung der Konfliktursachen sowie Präsentation geeigneter Vorschläge zum Konfliktabbau. Erwähnenswert ist vor allem, daß es anscheinend leichter ist, angesehenen Vermittlern gegenüber Konzessionen zu machen als dem Gegner selbst[115]. Da so Positionsschwächen weniger offenbar werden, könnten UN-Organe in »bargaining«-Prozessen Zugeständnisse erreichen, wie sie in bilateralen Verhandlungen kaum zu realisieren sind.

Betrachtet man die Inhalte der hier angesprochenen »bargaining«-Strukturen, so sollten Peripheriegesellschaften nicht allein oder auch nur vorrangig Maßnahmen der Entwicklungsförderung im Auge haben. Anzustreben wären vor allem Konzessionen im strukturellen Bereich. Zwar liegt es nahe, für die Aufhebung einer Rohstoff-Blockade höhere Tantiemen zu fordern, wie es bereits hin und wieder auf dem Erdölsektor geschah; langfristiger und tiefgreifender wäre jedoch die Forderung nach einer finanziellen, technologischen und organisatorischen Unterstützung von Integrationsprozessen verschiedener peripherer Volkswirtschaften. Ein weiterer Faktor ist die Kontrollierbarkeit der transnationalen Wirtschaftsorganisationen. In diesem Sinne setzte die Dritte Welthandelskonferenz 1972 Studiengruppen zur Untersuchung des Technologie-Transfers und der Praktiken multinationaler Wirtschaftsunternehmen ein. Investitionen privater Konzerne in den Entwicklungsländern werden durch die Außenpolitik ihrer Metropolen geschützt. Ihre Verträge umfassen die Rechte der Investoren und die Pflichten der kapitalimportierenden Staaten. Völkerrechtliche Pflichten gegenüber den Peripheriegesellschaften werden kaum erwähnt[116]. Erste Ansätze dazu wurden von UNCTAD in einer »Charta der wirtschaftlichen Rechte und Pflichten der Staaten« formuliert. Je früher diese Lücke voll wahrgenommen wird, desto größeren Einfluß besitzt das UN-System auf die völkerrechtliche Normdefinition in den Beziehungen zwischen nationalen und transnationalen Systemen.

Neuere Untersuchungen des UNCTAD-Subsystems zeigen allerdings, daß die Industriestaaten trotz starker interner Differenzierung und beachtlicher Kontroversen (z. B. USA–EG) in der Integration ihrer Positionen gegenüber den Peripherienationen außergewöhnlich erfolgreich sind. So gelang es beispielsweise den USA mit der Unterstützung der skandinavischen Schiffahrtsinteressen immer wieder, Koalitionen dieser traditionalen Vermittlergruppe mit der Dritten Welt in vielfältigen wirtschaftspolitischen Abstimmungen zu torpedieren. Und selbst die sozialistischen Staaten Osteuropas, die in den sechziger Jahren stets an der Seite der Peripherienationen zu finden waren, tendieren heute immer mehr zu einer diskreten Unterstützung der kapitalistischen Industriestaaten. Diese Entwicklung hat dazu beigetragen, daß die Dynamik der Entwicklungsdekaden-Politik versandete. Die Industriestaaten reduzieren die Forderungen zugunsten der billigsten Alternativen, verschleppen die Entscheidungsprozesse und verlängern die Perspektiven. Angesichts zu geringer revolutionärer Impulse, ungenügender Organisationskapazität und (noch) zu geringem Krisendruck besitzen die Peripherienationen für »bargaiing«-Prozesse kein geeignetes »Tauschmittel«: Es ist äußerst schwieschwierig, »etwas für nichts« zu erhalten. Daher kommen Innovationsprozesse dieser Art nicht ohne die normative Dimension der Verhaltensprägung aus.

(c) Normativ-reedukative Strategien

Empirische Untersuchungen von Innovationen auf allen Ebenen sozialer Interaktion und Organisation haben gezeigt, daß weder kognitive, d. h. mit rationalen Argumenten arbeitende, noch reine Zwangsstrategien allein geeignet sind, intendierten Wandel in sozialen Systemen durchzusetzen[117]. Die affektive Innovationsbarriere wird von keiner der beiden Methoden tangiert. Einstellungen, Werte und Normen, die neue Informationen im »Speicher« von Individuen und Institutionen auslesen, ordnen, manipulieren und Rängen zuordnen, besitzen in bezug auf Prozesse des Wandels strategische Positionen[118]. Effektives Problemlösen ist ohne Berücksichtigung dieser Kategorie von Hindernissen kaum vorstellbar. Daher wird eine Problemlösungseinheit versuchen müssen, Fähigkeiten zu entwickeln, affektive Barrieren zu entfernen. Die Möglichkeit einer so gearteten Umerziehung könnte aufgrund der Tatsache, daß gesellschaftliche Interessen und Privilegien eingeschränkt werden sollen, bezweifelt werden[119]. Andererseits gehe ich davon aus, daß eine verantwortungsbewußte Humantechnologie auf der Basis emanzipatorischer Normen zumindest partielle Werterevisionen durchzuführen vermag. Ihre Impulse könnten dann einen Prozeß der Reduktion struktureller Gewalt akkumulativ beschleunigen.

Die Anwendung geeigneter Methoden zur Überwindung affektiver Innovationshindernisse geht auf den Bereich der Kleingruppenforschung zurück, erwies sich jedoch bereits in Großorganisationen, wie Konzernen, und politischen Konflikten, wie Arbeitskämpfen, als erfolgreich. Für die internationalen Beziehungen steht dieses Modell der Problemlösung erst in den Anfängen.

Im Grunde handelt es sich um ein Klientensystem, in dem eine therapeutische Partei versucht, über Einstellungsänderungen die Beziehungen konfligierender Gruppen in Richtung auf eine positivere Qualität zu verändern[120]. Da es dabei weder um spezifische Probleminhalte noch um eine Art von »bargaining« geht, sondern eine völlig neue Problemlösungsmethode in die internationalen Beziehungen eingeführt wird, müssen auch bisher nicht vorhandene Fähigkeiten entwickelt werden.

Die dritte Partei soll für die einzuleitenden Prozesse der Verhaltensrevision diagnostische Kapazitäten besitzen sowie das Vermögen, durch spezifische Interventionen Sackgassen der Kommunikation zu durchbrechen. Sie muß sich wiederholende Interaktionen, die ins Leere laufen, erkennen und auflösen können, ohne das Klima der Situation zu beeinträchtigen, und sie hat emotionale Unterstützung und Rückversicherung zu geben, sobald die konfligierenden Parteien Revisionen ihres affektiven Systems vornehmen[121]. Die Funktion der dritten Partei ist demnach keine passive; es geht nicht darum, bereits durch die Anwesenheit das Verhalten der Disputanten zu verbessern, ihre Sprache zu temperieren[122], sondern um eine aktive Kontrolle der Kommunikation der Kontrahenten: Ohne irgendwelchen Druck auszuüben, soll sie eine kreativitätskonforme Atmosphäre schaffen, Interaktionsprozesse diagnostizieren sowie Barrieren und Strategien zu ihrer Überwindung aufzeigen[123]. Es soll keine Diskussion von Sachfragen stattfinden. Die Therapie beschäftigt sich nur mit der affektiven Beziehung der Kontrahenten und den daraus resultierenden Interaktionsfolgen. Berichte über Problemlösungsversuche im Arbeitskampf[124], die mit Hilfe dieser Methoden vorgenommen wurden, zeigen, wie über den gegenseitigen Austausch von Images zwischen Vertretern des Managements und der Gewerkschaften und eine von Wissenschaftlern gelenkte Diskussion darüber affektive Spannungsbeziehungen abgebaut wurden. Im Verlaufe eines zwei Tage dauernden Experiments verbrachten führende Vertreter beider konfligierender Gruppen zusammen mit mehreren Wissenschaftlern etwa 19 Stunden damit, abwechselnd unter sich, mit den Gegnern sowie mit Hilfe der Wissenschaftler ihre eigenen Vorstellungen über sich selbst zu diskutieren, diese mit der Version der Gegenseite zu vergleichen und die Unterschiede sowie deren Ursachen zu reflektieren. Dieser Prozeß, der nach gruppendynamischen Regeln strukturiert und von dem wissenschaftlichen Team ständig kontrolliert wurde, mündete in beiden Gruppen in Aktivitäten der Selbstdiagnose ein und lenkte hinüber zur Suche nach Strategien der Überwindung identifizierter Barrieren.

Offensichtlich handelt es sich bei den Verhaltensweisen der miteinbezogenen Wissenschaftler nicht um Vermittlungsfunktionen in »bargaining«-Prozessen[125]. Personen, die Affekte manipulieren sollen, müssen professionelle Kenntnisse auf den Gebieten der Konfliktforschung, Gruppendynamik, Kommunikationstheorie, des »sensitivity training« und der Sozialpsychologie besitzen. Da internationale Organisationen jedoch vorwiegend über diplomatische, parlamentarische, juristische, journalistische und ökonomische Kapazitäten verfügen, sind ihre Organe gegenwärtig nicht in der Lage, diese Aufgabe wahrzunehmen.

Normativ-reedukative Strategien der UN können nicht als Ersatz oder als Alternative für Zwangs- und Verhandlungsstrategien verstanden werden. Es ist vielmehr nötig, diese drei Strategietypen als integrale Bestandteile einer optimalen Problemlösungskapazität aufzufassen. Bleibt nur eine von ihnen unberücksichtigt, so schränkt man die Problemlösungskapazität des Systems ein. Die Entwicklung einer globalgesellschaftlichen Problemlösungskapazität mit Hilfe normativ-reedukativer Strategien ist nicht ohne den Einsatz spezieller wissenschaftlicher Methoden denkbar. Die Vereinten Nationen müssen geeignete Verfahren hierzu erst erlernen und institutionalisieren. Dies setzt die Ausbildung und den Einsatz geeigneter Spezialisten der Sozialtherapie voraus. Erst dann könnte damit begonnen werden, solche Problemlösungsstrukturen innerhalb der Organisation als Rückkoppelungs-Instanzen festzumachen. Sie müßten über Datensammlung und -interpretation organisatorische und Verhaltensdefekte aufspüren, um sie in therapeutischen Systemen zu bekämpfen. Solange das UN-System über solche Kapazitäten nicht selbständig verfügt, wäre an eine Beteiligung wissenschaftlicher transnationaler Institutionen zu denken, die den Auftrag erhalten könnten, sich an Problemlösungsprozessen der UN zu beteiligen und langfristig sozialtherapeutische Innovationsträger für die Weltorganisation zu schulen. Organisatorisch bietet sich hierbei die geplante Universität der Vereinten Nationen an. In einem solchen Rahmen könnte die Verkoppelung internationaler und transnationaler wissenschaftlicher Strukturen gelingen. Normativ-reedukative Problemlösung müßte als Forschungs- und Praxis-Bereich zu den wichtigsten Programmen der UN-Universität entwickelt werden. Wissenschaftler auf den verschiedensten Organisationsebenen könnten zu speziellen Versuchen der Konfliktschlichtung herangezogen werden und umgekehrt gewänne die Forschung Daten und Erfahrungen aus vielfältigen Experimenten. Da dieser bisher noch nicht weit entwickelte Ansatz der Problemlösung viel Übung und lange Lernprozesse voraussetzt, sollte die innovationsorientierte Organisation mit einer solchen Strategie langfristig experimentieren. Die Institutionalisierung normativ-reedukativer Aktivitäten wäre als bedeutender Beitrag zur Steigerung der systemischen Autonomie zu werten.

5. Die Reorganisation der Problemlösung

Sowohl im wissenschaftlichen[126] als auch im politischen[127] Bereich haben bereits verschiedene Analysatoren der Vereinten Nationen sehr deutlich darauf hingewiesen, daß die gegenwärtigen Strukturen der Weltorganisation dem steigenden Komplexitätsdruck der Umweltprobleme auf die Dauer nicht gewachsen sind und neue Wege der

Aufgaben- und Kompetenzverteilung beschritten werden müßten. Eine stärkere Zentralisation im organisatorischen Bereich, wie sie zum Beispiel die Konzentration der Entwicklungsaufgaben auf ein Organ darstellt[128], könnte hierbei als Ausweg angesehen werden. Da dies jedoch gleichzeitig den Spielraum der Peripheriegesellschaften einengen würde, kann es sich nicht um eine vernünftige Alternative handeln. Besser erscheint mir eine Kompetenzverteilung, die den bestehenden und bisher zuständigen Organen des UN-Systems Aufgaben in einem reflektierten Problemlösungsprozeß so zuteilt, daß sie in bestimmten Phasen wichtige Beiträge koordiniert leisten können[129]. Untersuchungen innovationsfördernder Kriterien in großen Organisationen sollen dabei zu Hilfe genommen werden[130].

Eines der interessantesten Prinzipien innovativer Systeme ist die Periodizität des Verhaltens. Das Auffinden von Problemen, ihre Diskussion und die Suche nach der geeigneten Lösung werden abgelöst von der Phase der Durchführung. Anschließend wiederum setzt ein Lernprozeß ein, in dem Daten über den Erfolg oder über Defekte der Problemlösung gesammelt und verarbeitet werden. Das System sollte für die verschiedenen Erfordernisse des gesamten Prozesses geeignete Instrumente besitzen und sein Verhalten der jeweils aktuellen Phase anpassen. So erfordert die Entstehungsphase seiner Innovation sowie ihre Auswertung eine optimale Offenheit des Systems, die Durchführung hingegen eine geschlossene Struktur. Komplexe Organisationen verfügen häufig über differenzierte Instrumente, die zur gegebenen Zeit für spezielle Aufgaben eingesetzt werden. Ihre Aktivierung oder Passivität löst Perioden des Handelns, des Eingespanntseins, des Sammelns von Erfahrungen, der Disziplin sowie solche der Auswertung, Wiederbelebung, Reflexion und Planung aus. Bezieht man dieses Prinzip auf das UN-System, so könnte die folgende Kompetenzverteilung zu einer dynamischen Periodizität der Problemlösung beitragen.

Dem ECOSOC oder einem eigens dafür geschaffenen Wohlfahrtsrat der UN[131], dem ein Planungsorgan beigefügt werden könnte, wäre die jeweilige Problemidentifikation zuzuordnen. Seine Mitgliederstruktur sollte weder dem geschichteten noch dem egalitären

Prinzip unterliegen, damit der Aktivitätsimpuls realitätskonform, doch auch wandlungsorientiert ausfällt. Die Generalversammlung übernimmt die generelle politische Diskussion des Problems, die Förderung seiner Publizität und die Legitimierung anschließender Lösungsversuche durch das UN-System[132]. Ihre Konferenzdiplomatie eignet sich jedoch nicht für die schwierigen Verfahren des detaillierten Problemlösungsprozesses. Die Suche nach alternativen Konfliktlösungen erfordert eine maximale Öffnung des Systems bei gleichzeitiger Konzentration auf den Problemtyp. In der Nord-Süd-Dimension ist dies heute am besten im UNCTAD-Rahmen gewährleistet, da hier die Stratifikation des UN-Systems weitgehend aufgehoben ist. Ein weiterer wichtiger Faktor ist die Kristallisation von Super-»caucuses« im UNCTAD-System, wie der Gruppe der OECD-Staaten, des COMECON und der »Organisation der 77«. Diese Struktur fördert Prozesse der Fraktionsbildung auf einer Ebene, die über der bisher bekannten »caucus«-Politik liegt. Insofern entstehen günstige Bedingungen für »bargaining«-Prozesse.

Andererseits erscheint das bisher übliche Verhaltensmuster der Kampfabstimmungen für die Konsensusbildung und das »bargaining« zwischen den Konfliktparteien als ungeeignet. Reformvorschläge, die die Entscheidungen der Welthandelskonferenz nur auf Konsensus und Ausgleich gründen möchten[133], würden aber die Dritte Welt ihres wichtigsten Organisations- und Integrationsinstrumentes berauben, was wiederum die Offenheit des Systems in dieser Problemlösungsphase beeinträchtigte. Für den inhaltlichen Problemlösungsprozeß käme daher ein Organ in Frage, das zwischen den geschichteten und den egalitären Organisationen liegt, eine möglichst große Zahl inter- und transnationaler Interessen repräsentiert und genügend klein ist, um intensive orale Verhandlungen zu ermöglichen. Ein solcher »UN Bargaining Council« hätte auf Majorisierungen grundsätzlich zu verzichten, da Problemlösungen zugunsten der Globalgesellschaft gegen die Einsicht und den Willen der etwa 25 dominanten Staaten unsinnig sind. Zwar behält die Sammlung von Abstimmungsmehrheiten und die Bildung von Konfrontationsbasen vor allem für die Peripherienationen auch weiterhin einen hohen Stellenwert, doch ist hierbei eine gewisse Arbeitsteilung zwischen den Organen zu berücksichtigen.

Je komplexer ein System ist, desto eher besitzt es funktional spezialisierte Problemlösungsstrukturen; dies können z. B. Brain-Trusts, Planungsstäbe, »work shops« oder besondere Problemlösungsgremien sein. Gemeinsam ist ihnen, daß sie von Routineaufgaben befreit sind und sich der Bewältigung eines einzelnen Problems oder eines relativ fest umgrenzten Problembündels widmen können. Der »UN Bargaining Council« entspräche einem solchen spezialisierten Problemlösungssystem. Noch innovativere Bedingungen werden erreicht, wenn diese Problemlösungseinheit aus dem System ausdifferenziert wird, um sie seinen Sozialisations- und Stratifikationsbelastungen zu entziehen. Theoretischen und empirischen Arbeiten zufolge entfaltet sich in diesem auf Zeit ausgegliederten »temporären System« ein außergewöhnlich kreatives Klima. Seine eng begrenzte Zielorientierung, der relativ kurze Zeitraum seiner Existenz, die Tendenz zur Auswahl besonders geeigneter Personen und der Auftrag, für den Programmbestand des permanenten Systems geeignete, bisher jedoch unbekannte Lösungsalternativen zu entwickeln, fördern Normen und Verhaltensmuster, die Konfliktlösungen sowohl auf kognitiver als auch auf affektiver Basis suchen[134].

Temporäre Systeme des UN-Systems könnten für fest umgrenzte Aufgaben ausdifferenziert werden. So wäre einerseits an vorwiegend kognitive Problemlösungen besonders schwieriger Materien zu denken, die der permanente »UN Bargaining Council« nicht oder nur ungenügend bewältigt. Andererseits könnten normativ-reedukative Strategien gerade in kleinen temporären Systemen nachhaltige Beiträge zur Lösung festgefahrener Positionen leisten.

Ziel dieser Organe wäre die Entwicklung arbeitsintensiver Interaktionsmuster der Konsensusbildung. Die Mitgliedschaft müßte alle relevanten inter- und transnationalen Interessen repräsentieren, sollte jedoch eine Zahl von 10–20 Personen nicht überschreiten. Hinzu käme eine Gruppe von Wissenschaftlern, die den Problemlösungsprozeß kontrollieren. Besonders wichtig ist hierbei die Ebene der Repräsentation. Es geht nicht darum, persönliche Beziehungen zwischen

Individuen freundlicher zu gestalten; selbst politische Gegner pflegen auf individualer Basis oft relativ freundschaftliche Kontakte. Was angestrebt werden soll, ist ein Wandel in der Wahrnehmung und in der konkreten Interaktion zwischen den sozialen Einheiten, die repräsentiert werden[135]. Diese Soziotherapie muß die Schwierigkeiten beachten, die sich daraus ergeben, wenn die veränderten Einstellungen der Repräsentanten auf die unveränderten ihrer Systeme prallen. Solche »linkage«-Defekte sind im Problemlösungsprozeß von vornherein mit zu berücksichtigen.

Der Organisationstyp des temporären Systems in den Vereinten Nationen sollte die Funktion haben, in dauernd wechselnden Kombinationen und auf verschiedensten Ebenen der Repräsentation neuartige Annäherungs- oder Integrationsprozesse zu fördern. Die Problemlösungsstrategie der Schaffung temporärer Systeme kann die Innovationskapazität der Weltorganisation heben. Sie impliziert Forschungsaktivitäten, Selbstkorrekturen und reflexives Verhalten. Eines ihrer Hauptprinzipien ist die Wertschätzung experimenteller und tentativer Ansätze der Problemlösung.

Die Durchführung einer Konfliktlösungsstrategie erfordert im Gegensatz zur Suche nach alternativen Wegen das Primat des Zwecks, eine funktionale Arbeitsteilung, Verantwortlichkeit, Autorität und Disziplin. Ein geschlossener Zustand tritt an die Stelle exzessiver Offenheit. Dafür erscheint das gegenwärtige Weltbank-System am geeignetsten. Implementation und Informationssammlung mit Hilfe eines straffen, zentralisierten Apparates wären hier am zweckmäßigsten zugeordnet. Das gesammelte Nachrichtenmaterial ginge dann wieder an das auslösende Organ zurück, wodurch die Rückkoppelung geschlossen wäre. Der nun einsetzende Lernprozeß erfordert wieder eine zunehmende Öffnung des Systems. Ein solcher periodischer Problemlösungsprozeß hätte den Vorteil, auf der einen Seite eine relativ dezentralisierte Entscheidungsstruktur mit vielen Partizipationsmöglichkeiten und eine dynamische Interaktion parallel bestehender egalitärer und geschichteter Organe mit organisationssoziologisch ausgewiesenen Bedingungen einer hohen Problemlösungskapazität auf der anderen Seite zu verknüpfen.

Signifikante Fortschritte in der Nord-Süd-Problematik der Globalgesellschaft sind ohne eine zumindest partielle Identifikation der Industriestaaten mit den Interessen der Peripheriegesellschaften zur Zeit nicht vorstellbar. Konsequenterweise müssen innovative Strategien Aspekten des Einstellungswandels innerhalb ihres komplexen Instrumentariums einen bevorzugten Platz einräumen. Ein wichtiger Schritt dazu wäre die Veränderung der Perzeption des Problem- und Konflikttyps: Eine Hauptaufgabe der Vereinten Nationen muß die Überführung inter- und transnationaler Konfliktpolitik in kollektive Problemlösung sein. Der Unterschied beider Begriffe liegt in der Einstellung der Parteien gegenüber den anderen Beteiligten. Von kollektiver Problemlösung spricht man, wenn die Akteure zustimmen, daß sie gemeinsam einem Problem gegenüberstehen, obgleich sie verschiedene Lösungen und konkurrierende Interessen vertreten. Konfliktpolitik ist dann zu beobachten, wenn die Akteure das Verhalten der Gegenparteien als Basisproblem ansehen[136]. Eine Einstellungsänderung könnte bei den Akteuren erreicht werden, wenn in einer Folge von therapeutischen Prozessen temporärer Systeme Ähnlichkeiten in den Annahmen über Wertorientierungen, Entwicklungstendenzen und Interessen aufgedeckt würden. Auf diese Art und Weise könnte ein neuer Rahmen für eine gemeinsame Wertbasis gefunden werden, die den Imperialismus- und den Umweltkomplex miteinander verknüpft. Ansätze dazu sind im UN-System bereits vorhanden. Im Zusammenhang mit der Umweltkonferenz der Vereinten Nationen wurden viele Erwartungen der Dritten Welt in eine solche Entwicklung geweckt[137]. Die Integration beider Problemstellungen könnte dreierlei Folgen haben:

(1) eine Anhebung der Problemlösungskapazität der Vereinten Nationen über die Einbeziehung einer neuen Einstellungsebene zu globalgesellschaftlichen Konflikten, (2) eine neue Dynamik der Problemlösung in der Nord-Süd-Dimension und (3) eine generelle Revitalisierung des UN-Systems.

Zusammenfassung

Der vorliegende Versuch, eine Forschungsperspektive zu skizzieren, entstand zu einem Zeitpunkt, da sehr viele Wissenschaftler mit dem Forschungsstand auf dem Gebiet der internationalen Organisationen unzufrieden sind und sowohl im Bereich des Erkenntnisinteresses als auch auf methodologischer Ebene über neue Wege reflektieren. In der BRD trifft diese weltweite Einstellung auf eine besondere Situation. Angesichts der im vergangenen Jahr erfolgten Aufnahme der beiden deutschen Staaten in die Vereinten Nationen scheint die bisherige Indifferenz gegenüber der Weltorganisation im wissenschaftlichen und publizistischen Bereich einem wachsenden Interesse zu weichen. Da die wissenschaftliche Bearbeitung der UN und ihrer Sonderorganisationen in der Bundesrepublik unkoordiniert, äußerst zufällig und in vergleichsweise geringem Umfang betrieben wird, beabsichtigt diese Studie auch, die Vereinten Nationen aus dem »wissenschaftlichen Untergrund«[1] der BRD zu befreien.

Drei Prinzipien dieses Versuchs müssen besonders betont werden:

(1) Analysen der Vereinten Nationen sollen weniger stark von einer abstrakten theoretischen Fragestellung bestimmt sein, sondern vielmehr auf der Basis bestehender Probleme der Globalgesellschaft erfolgen. So erscheint mir zum Beispiel die Ausgangsfrage, in welcher Reihenfolge innerhalb des Parsonsschen AGIL-Modells Veränderungen im UN-System vor sich gehen[2], gegenüber einer alternativen Fragestellung nach Möglichkeiten der Reduktion von Gewalt im internationalen System von sehr mäßigem Interesse.

(2) Die vorhandene wissenschaftliche Literatur über die Vereinten

Nationen muß in bezug auf ihre Fragestellungen gesichtet werden; dabei wird es zweifellos zu zahlreichen Diskriminierungen irrelevanter Erkenntnisinteressen kommen. Der Verfasser vorliegender Arbeit fühlt sich auch insofern einem kritischen Ansatz verpflichtet. Andererseits muß eine pauschale Verurteilung oder Ignorierung ganzer Forschungsrichtungen oder »approaches« vermieden werden. Die hermeneutisch-kritische Analyse bedarf aller heute zur Verfügung stehenden komplexen theoretischen Instrumente, da sie sowohl diachron-genetisch als auch synchron-funktional angelegt sein sollte[3].

(3) Die Verwendung geeigneter Analysemittel im Bereich der internationalen Organisationen ist im Vergleich zu anderen sozialwissenschaftlichen Disziplinen sehr unterentwickelt. Erst neuerdings haben einige Wissenschaftler auf die Brauchbarkeit organisationstheoretischer Konzepte hingewiesen[4]. Ebenso wichtig wären Beiträge der politischen Ökonomie und der Lerntheorie. Vor allem auf der sozialpsychologischen Ebene besteht ein weites Betätigungsfeld. Durch einen kritischen Transfer brauchbarer Ansätze aus Nachbarbereichen sozialer Organisation wären neue Anregungen zu gewinnen. Die bisherige Nichtbeachtung des affektiven Einstellungswandels in den internationalen Beziehungen ist eher auf eine forschungshemmende Abschottung einzelner Teildisziplinen der Sozialwissenschaften zurückzuführen als auf die Irrelevanz dieser Variablen im internationalen System.

Unter Berücksichtigung dieser Prinzipien wurde mit Hilfe ausgewählter Fachliteratur eine Analyse der Vereinten Nationen unternommen, wobei immer wieder versucht wurde, auf wichtige Leerstellen des gegenwärtigen Kenntnisstandes hinzuweisen:

(1) Die Vereinten Nationen werden als Problemlösungs-System der Globalgesellschaft definiert. Die Hauptprobleme, mit denen sie sich gegenwärtig beschäftigen, sind der Imperialismus (oder strukturelle Asymmetrie) und die Umweltzerstörung, also Phänomene struktureller Gewalt.

(2) Im Problemlösungs-Prozeß nehmen die Vereinten Nationen heute zwei Rollen wahr: Einerseits bieten sie den Akteuren des inter-

nationalen Systems eine organisatorische Hilfestellung bei der Bewältigung ihrer extern determinierten Probleme an, andererseits bemühen sie sich selbst um eine aktive Problemlösung. Beide Rollen sind zwar deutlich erkennbar, bedürfen jedoch im Kontext komplexer Funktionszusammenhänge einer analytischen Isolierung. Ziel der Untersuchung ist die Identifikation der Bestandteile dieser Rollen und die Entwicklung von Strategien zu ihrer Stärkung.

(3) Internationale Organisationen dienen den herrschenden Kräften des internationalen Systems zur Steigerung ihrer globalen Steuerungskapazität. Gleichzeitig bilden sie aber auch organisatorische Kerne eines politischen Widerstandes der abhängigen und ausgebeuteten Staaten und Gesellschaften. In egalitären Subsystemen der Vereinten Nationen beziehen die Staaten der Dritten Welt realitätskonforme und problemlösungsadäquate Informationen, aggregieren Interessen, erhalten Anregungen und Hilfestellungen bei der Selbstorganisation und lernen politische Aktivitäten sowie die Ausübung politischen Drucks.

(4) Die gegenwärtigen Bedingungen des internationalen Systems und die übersehbaren Zukunftsperspektiven lassen die Chancen eines positiven Beitrags der Entwicklungsförderung zur Reduktion struktureller Gewalt gering erscheinen. Fortschritte können nur über systemtransformierende Strukturinnovationen erreicht werden. So gelang den Peripheriestaaten eine bisher problemlösungskonforme Ausdifferenzierung des Redistributionskomplexes im UN-System mit einer Steigerung des eigenen Entscheidungsgewichtes und einer generellen Zunahme ihrer Partizipationsmöglichkeiten. Eine sinnvolle Strategie läge nunmehr darin, eine Vielzahl egalitärer Subsysteme der Vereinten Nationen in die Entscheidungsprozesse der geschichteten Organe einzubeziehen und so den Partizipationsgrad in einer globalgesellschaftlichen Regelung qua internationale Organisationen zu heben.

(5) Je autonomer das UN-System ist, desto höher ist seine Problemlösungskapazität. Die Vereinten Nationen haben seit der Mitte der fünfziger Jahre unter günstigen internationalen Bedingungen ihren autonomen Spielraum erweitert und ihn mit Hilfe von Konsen-

susbildung und einer Steigerung der Kontrollfähigkeit ausgebaut.

(6) Eine wachsende Umweltkomplexität zwingt die Vereinten Nationen ihrerseits zur Anhebung des Komplexitätsgrades eigener Strukturen, wenn die Problemlösungskapazität beibehalten oder gar gesteigert werden soll.

(7) Die Problemlösungskapazität des UN-Systems kann durch den systematischen Aufbau eines komplexen Instrumentariums von Strategien erweitert werden. Parallel sollen Zwangs-, Verhandlungs- und normativ-reedukative Strategien zur Verfügung stehen, um je nach Situation und Konstellation der Akteure wahlweise eingesetzt zu werden.

(8) Vorgeschlagen wird weiterhin eine Reorganisation der Zuordnungs- und Kompetenzbeziehungen zwischen den einzelnen Subsystemen der Vereinten Nationen, gekoppelt mit der Einführung eines »periodischen« Problemlösungsprozesses. Die Verwendung des komplexen strategischen Instrumentariums in solchen Strukturen wäre geeignet, die gesamte Weltorganisation zu beleben und Innovationen in der Nord-Süd-Problematik durchzusetzen.

Diese Zusammenfassung verdeutlicht, daß die Vereinten Nationen heute im internationalen System zwei wichtige Funktionen wahrnehmen: eine Stimulierungs- und eine Regulierungsfunktion. Zahlreiche Mißverständnisse in der Beurteilung der Weltorganisation rühren aber daher, daß ihr eine Distributionsfunktion zugeordnet wird. Diese drei Aufgaben sind jedoch hierarchisch interdependent: Erst eine effektive Ausübung der Stimulierungsfunktion erlaubt die erfolgreiche Durchführung einer Regulierung; die Distributionskapazität des Systems ist aber erst eine Folge der Legitimität, die den Vereinten Nationen durch eine wirksame Wahrnehmung der beiden ersten Funktionen verliehen wird. Die Einsicht in den Stellenwert der gegenwärtigen Aktivitäten der Vereinten Nationen sollte sowohl Forschung als auch Publizistik vor Frustrationen bewahren. Dies ist um so wichtiger, als der Aufbau effektiver Problemlösungskapazitäten der Globalgesellschaft immer dringender und gleichzeitig äußerst langwierig sein wird.

Anmerkungen

Einleitung: Die globale Problemlösungsfunktion

1 Vgl. R. E. Riggs et al.: Behavioralism in the Study of the United Nations. In: World Politics (WP), 1970, S. 197 ff.; C. F. Alger: Research on Research: A Decade of Quantitative and Field Research on International Organizations. In: International Organization (IO), 1970, S. 414 ff.

2 Vgl. dazu das repräsentative Werk von G. Clark–L. Sohn: World Peace trough World Law. Cambridge ^{3}1967.

3 Vgl. stellvertretend H. J. Morgenthau: Macht und Frieden. Gütersloh 1963.

4 Vgl. dazu stellvertretend D. Mitrany: A Working Peace System. Chicago 1966, und E. Haas: Beyond the Nation-State. Stanford ^{2}1968 (Neofunktionalismus).

5 Vgl. dazu den Überblick von P. Pawelka: Systemtheoretische Beiträge zu einer Taxonomie intra- und intersystemischen Verhaltens in den internationalen Beziehungen. In: K. J. Gantzel (Hrsg.), Internationale Beziehungen als System, Politische Vierteljahrsschrift (PVS), 1973, Sonderheft 5, S. 17 ff.

6 Vgl. z. B. M. Haas: A Functional Approach to International Organization. In: The Journal of Politics, 1965, S. 498 ff., und den UN-Reader R. W. Gregg–M. Barkun (eds.): The United Nations System and its Functions. Selected Readings. Princeton/Toronto 1968.

7 Vgl. z. B. A. G. Frank: Underdevelopment or Revolution? New York 1969; T. Hayter: Aid as Imperialism. Baltimore 1972; E. Senghaas-Knobloch: Internationale Organisationen. In: E. Krippendorff (Hrsg.), Probleme der internationalen Beziehungen, Frankfurt 1972, S. 103 ff.; V. Rittberger: International Organization and Violence. With Special Reference to the Performance of the U.N. System. In: Journal of Peace Research (JPR), 1973, S. 217 ff.

8 Vergleiche einen ähnlichen Vorgang in der Entwicklung der Systemtheorie. Die »Wiederentdeckung« der Kategorie »Macht« hätte weniger kostspielig sein müssen (Pawelka, a. a. O. [Anm. 5]).

9 Vgl. E. Krippendorff: Zum Imperialismus-Begriff. In: ders. (Hrsg.), a. a. O. (Anm. 7), S. 177 ff.

10 Vgl. dazu A. Etzioni: Two approaches to organizational analysis: A Critique and a Suggestion. In: Administrative Science Quarterly, 1960/61, S. 257 ff.

11 Ein System stellt einen »sinnhaften« Interdependenzrahmen sozialwissenschaftlicher Analyse dar, wobei Sinn eine Strategie auswählenden Verhaltens

unter Bedingungen hoher Komplexität ist. Systemgrenzen sind lediglich Auswahlhilfen, die durch den Aufbau eines Systemzusammenhangs sozialer Handlungen von der Umwelt abgegrenzt werden. Vgl. N. Luhmann: Moderne Systemtheorien als Form gesamtgesellschaftlicher Analyse. In: Th. W. Adorno (Hrsg.), Spätkapitalismus oder Industriegesellschaft? Stuttgart 1969, S. 253 ff., S. 256 f.

12 Systeme mit einer effektiven Problemlösungskapazität sind in der Lage, trotz ausgeprägter Umweltkomplexität, deren Ausmaß nur begrenzt kontrollierbar ist, Spannungen zu reduzieren. Die Problemlösungskapazität liegt vor allem in der Fähigkeit, Alternativen zu suchen und Problemlösen zu lernen, d. h. Verhaltensweisen zu entwickeln, die auf noch nicht dagewesene Herausforderungen geeignete Antworten ermitteln.

13 Vgl. J. W. Burton: Systems, States, Diplomacy and Rules. Cambridge 1968, S. 27 ff.

14 F. W. Terrien–D. L. Mills: The Effect of Changing Size upon the Internal Structure of Organizations. In: American Sociological Review, 1955, S. 11 ff.; N. Luhmann: Soziologie des politischen Systems. In: Kölner Zeitschrift für Soziologie und Sozialpsychologie (KZSS), 1968, S. 705 ff.

15 Vgl. D. Senghaas: Abschreckung und Frieden. Studien zur Kritik organisierter Friedlosigkeit. Frankfurt 1969.

16 Vgl. F. H. Denton–W. Phillips: Some patterns in the history of violence. In: Journal of Conflict Resolution (JCR), 1968, S. 182 ff.

17 W. F. Hanrieder: International organizations and international systems. In: JCR, 1966, S. 297 ff.

18 M. D. Wallace–J. D. Singer: Intergovernmental Organizations in the Global System, 1815–1964: A Quantitative Description. In: International Organization, 1970, S. 239 ff.; V. Rittberger: International Organization and Peace. Ph. D. Diss. Stanford University 1971 (Maschinenschrift).

19 Zu einer Auseinandersetzung mit traditionalen systemtheoretischen Ansätzen in der UN-Forschung vgl. P. Pawelka: Strategische Probleme einer innovativen UN-Politik. In: U. Scheuner–B. Lindemann (Hrsg.), Die Vereinten Nationen und die Mitarbeit der Bundesrepublik Deutschland, München/Wien 1973, S. 153 ff.

20 Vgl. dazu das Modell des »partisan mutual adjustment« in C. E. Lindblom: The Intelligence of Democracy. New York/London 1965.

21 Zu einer differenzierteren Diskussion innovativen und adaptiven Verhaltens einer Problemlösungseinheit vgl. Pawelka, a. a. O. (Anm. 19).

22 J. Galtung: Violence, Peace and Peace Research. In: JPR, 1969, S. 167 ff.

23 Senghaas, a. a. O. (Anm. 15).

24 N. Choucri, with the research assistance of J. P. Bennett: Population, Ressources, and Technology: Political Implications of the Environmental Crisis. In: IO, 1972, S. 175 ff.

25 R. N. Gardner: The Role of the UN in Environmental Problems. In: IO, 1972, S. 237 ff.

26 K. J. Holsti: Resolving international conflicts: a taxonomy of behavior and some figures on procedures. In: JCR, 1966, S. 273 ff.

27 W. D. Coplin: International Organizations in the Future International

Bargaining Process: A Theoretical Projection. In: D. S. Sullivan–M. J. Sattler (eds.), Change and the Future International System, New York/London 1971, S. 81 ff.

28 Ebenda.

29 B. Johnson: The United Nations' Institutional Response to Stockholm: A Case Study in the International Politics of Institutional Change. In: IO, 1972, S. 255 ff.

I. Stratifikation

1 G. Lagos: International Stratification and Underdeveloped Countries. University of North Carolina Press 1963, S. 6 ff; J. D. Singer–M. Small: The Composition and Status ordering of the International System: 1815–1940. In: World Politics (WP), 1965/66, S. 236 ff. Die Position innerhalb dieser verschiedenen Schichtungsdimensionen wird einem nationalen System sowohl durch objektive Faktoren als auch durch Perzeptionen der anderen internationalen Akteure zugesprochen. Kombinierte Konsequenzen bilateraler und kollektiver Einschätzung unter ihnen schaffen transitive Statusordnungen und damit hierarchische Strukturen. Vgl. T. Caplow–K. Finsterbusch: France and other countries: a study of international interaction. In: JCR, 1968, S. 1 ff.

2 R. Jenkins: Exploitation. London 1970, S. 82 ff.

3 A. F. K. Organski: World Politics. New York [8]1967.

4 Vgl. W. J. Goode: Mobilität und Revolution. In: KZSS, 1966, S. 227 ff.

5 Vgl. R. A. Bernstein–P. D. Weldon: A Structural Approach to the Analysis of International Relations. In: JCR, 1968, S. 159 ff.

6 Vgl. J. Galtung: Gewalt, Frieden und Friedensforschung. In: D. Senghaas (Hrsg.), Kritische Friedensforschung, Frankfurt 1971, S. 55 ff.

7 G. C. Homans: Theorie der sozialen Gruppe. Köln/Opladen [2]1965, S. 188 ff.

8 Empirisch belegt wurde dieses Merkmal für das Kommunikationsgeflecht zwischen dem Block der sozialistischen Staaten und der westlichen Allianz. Vgl. J. Galtung: East-West Interaction Patterns. In: C. Kriesberg (ed.), Social Processes in International Relations, New York 1968, S. 272 ff.

9 In einem Klassensystem dagegen ist die Interaktion abhängig von der Ähnlichkeit der Macht interagierender Staaten; es gibt also viele Interaktionen zwischen »topdogs« und viele zwischen »underdogs«, weniger dagegen zwischen beiden Gruppierungen (Jenkins, a. a. O. [Anm. 2]).

10 Vgl. J. S. Nye jr.–R. O. Keohane: Transnational Relations and World Politics: An Introduction. In: Keohane–Nye (eds.), Transnational Relations and World Politics, Cambridge, Mass. 1972, S. IX ff. Vgl. andererseits stellvertretend für die marxistisch orientierte und kritische Forschungsrichtung das Sammelwerk von D. Senghaas (Hrsg.): Imperialismus und strukturelle Gewalt. Analysen über abhängige Reproduktion. Frankfurt 1972.

11 J. Galtung: A Structural Theory of Imperialism. In: JPR, 1971, S. 81 ff.

12 Vergleiche zum Beispiel den Unterschied der Akkulturationsimpulse, die einerseits von der Erdölgewinnung in einem arabischen Staat, andererseits von der Transistorenproduktion in Japan ausgehen. Über ungleiche Auswirkungen inter-

nationaler Interaktionen vgl. P. G. Casanova: Sociologia de la Explotación. Mexico 1969.

13 Vgl. zum Beispiel den internationalen Produktionszyklus bei R. Vernon: International Investment and International Trade in the Product Cycle. In: Quarterly Journal of Economics, 1966, S. 190 ff.; ders.: Manager in the International Economy. Englewood Cliffs 1968.

14 Ch. P. Kindleberger: Power and Money: The Economic of International Politics and the Politics of International Economics. New York 1970, S. 14.

15 Man kann heute, ohne die profitlichen Wirtschaftsorganisationen zu berücksichtigen, von etwa 2500 bis 3000 transnationalen Organisationen ausgehen. Vgl. K. Skjelsbaek: The Growth of International Nongovernmental Organization in the Twentieth Century. In: Keohane–Nye (eds.), a. a. O. (Anm. 10), S. 70 ff. In 20 Jahren sollen 600 bis 700 multinationale Wirtschaftskorporationen den größten Teil der Wirtschaft in der nichtsozialistischen Welt kontrollieren (G. A. Steiner–W. M. Cannon: Multinational Corporate Planning. New York 1966, S. 4).

16 Multinationale Wirtschaftskorporationen werden definiert als Wirtschaftsunternehmen mit mindestens 25 % »ausländischen Inhalts«, gemessen durch vier auswechselbare Indikatoren: Umsatz, Investition, Produktion oder Arbeitnehmer. Vgl. S. E. Rolfe: The International Corporation. Paris 1969, S. 13; ders.: The International Corporation in Perspective. In: S. E. Rolfe–W. Damm (eds.), The Multinational Corporation in the World Economy, New York 1970, S. 17.

17 A. Pelowski: National attributes and cross-national business: a combined regression-simulation study. Paper presented at the Western Regional Division, Peace Research Society (International) Seattle, Wash., February 15, 1971; A. J. Judge: Multinational Business Enterprises. In: Yearbook of International Organizations 1969. Vgl. auch die ältere Untersuchung von R. A. Dahl: Modern Political Analysis. Englewood Cliffs 1963, S. 32 ff. Vgl. auch R. Hellmann: The Challenge to U.S. Dominance of the International Corporations. Cambridge, Mass. 1970, S. 305 f.

18 Vgl. G. Junne–S. Nour: Zur Analyse internationaler Abhängigkeiten. Berlin (Dez.) 1972 (Maschinenschrift), S. 107 ff.; N. P. Gleditsch: Trends in World Airline Patterns. In: JPR, 1967, S. 366 ff.

19 E. Østgaard: Factors Influencing the Flow of News. In: JPR, 1965, S. 39 ff.; J. Galtung–M. H. Ruge: The Structure of Foreign News: The Presentation of the Congo, Cuba and Cyprus Crisis in Four Norwegian Newspapers. In: JPR, 1965, S. 64 ff.

20 So geben US-Firmen jährlich etwa 360 Mill. Dollar aus, um die Konsumbedürfnisse der Einwohner von Peripheriestaaten zu formen. Diese Summen der multinationalen Wirtschaftskorporationen betragen nicht sehr viel weniger als die nationalen Ausgaben der Entwicklungsländer für ihren Bildungsetat. Vgl. P. B. Evans: National Autonomy and Economic Development: Critical Perspectives on Multinational Corporations in Poor Countries. In: Keohan-Nye, a. a. O. (Anm. 10), S. 325 ff. Eine interessante Übersicht bei Junne-Nour, a. a. O. (Anm. 18), S. 175 ff.

21 Vgl. die Dominanz der amerikanischen Filmindustrie in den Verleih-Organi-

sationen der Welt (T. H. Guback: The International Film Industry. Bloomington 1969).

22 Vgl. die Prognosen bei J. Galtung: On the Future of the International System. In: JPR, 1967, S. 305 ff.

23 K. Simmonds: Multinational? Well, not quite. In: C. Brown (ed.), World Business, Promise and Problems, New York 1970.

24 G. Modelski: The corporation in World Society. In: G. W. Keeton–G. Schwarzenberger (eds.), Yearbook of World Affairs, New York 1968, S. 64 ff.

25 Vgl. J. F. Rippy: British Investments in Latin America, 1822–1849: A Case Study in the Operations of Private Enterprise in Retarded Regions. Minneapolis 1959.

26 Vergleiche das Sechs-Punkte-Programm Nixons als Antwort auf die Empfehlungen des Pearson-Berichts.

27 R. Väyrynen: Stratification in the System of International Organizations. In: JPR, 1970, S. 291 ff.

28 Skjelsbaek, a. a. O. (Anm. 15).

29 K. Jacobsen: Some Behavioral Characteristics in the United Nations as a Function of Rank. In: Proceedings of the International Peace Research Association, Third General Conference, Vol. II, Assen 1970, S. 22 ff., S. 35.

30 Vgl. J. Galtung: Entropy and the General Theory of Peace. In: Proceedings of IPRA, Second Conference, Assen 1968.

31 K. Skjelsbaek: Development of the Systems of International Organizations. In: Proceedings . . ., a. a. O. (Anm. 29), S. 90 ff.

32 K. Skjelsbaek: Peace and the Structure of the International Organization Network. In: JPR, 1972, S. 315 ff., S. 325.

33 Skjelsbaek, a. a. O. (Anm. 15 und Anm. 32).

34 C. F. Alger: Interaction and Negotiation in a Committee of the United Nations General Assembly. In: J. N. Rosenau (ed.), International Politics and Foreign Policy, New York/London ^{2}1969, S. 483 ff.

35 Vgl. R. Blough: The World Bank Group. In: R. N. Gardner–M. F. Millikan (eds.), The Global Partnerships, New York/Washington/London 1968, S. 152 ff.; Jahresbericht, Weltbank, IDA, 1972.

36 Blough, ebd., S. 167.

37 Development Assistance Effects and Policies: 1966 Review. Paris: OECD, Sept. 1966, S. 36; UNCTAD, The Flow of Financial Resources and Liberalizations of Terms and Conditions of Assistance, TD/B/C. 3/97, S. 9.

38 Blough, a. a. O. (Anm. 35), S. 179 f.

39 Vgl. T. Hayter: Aid as Imperialism. Baltimore 1972.

40 J. Weaver: The International Development Association, a new approach to foreign aid. New York/Washington/London 1965, S. 147.

41 Der Pearson-Bericht. Bericht der Kommission für Internationale Entwicklung. Wien/München/Zürich 1969.

42 Ebenda, S. 100.

43 P. Aich: Der Pearson-Bericht – Bibel oder Diskussionsstoff? In: Vereinte Nationen (VN), 1970, S. 76 ff.

44 Vgl. C. Julien: Das amerikanische Imperium. Berlin 1968, S. 201.

45 W. Skupnik: Die Dritte Konferenz der Vereinten Nationen für Handel und Entwicklung. In: VN, 1972, S. 150 ff.

46 Jahresbericht, Weltbank, IDA, 1972.

47 Skjelsbaek, a. a. O. (Anm. 32), S. 319.

48 Vgl. A. Grosser: La Politique Extérieure de la V. République. Paris 1965.

49 T. Hovet jr.: Africa in the United Nations. Northwestern University Press 1963, S. 91 f.

50 C. F. Alger: Decision-making Theory and Human Conflict. In: E. B. McNeil (ed.): The Nature of Human Conflict. Englewood Cliffs 1965, S. 274 ff.; ders.: a. a. O. (Anm. 34); ders.: Personal Contact in Intergovernmental Organizations. In: C. Kelman (ed.), International Behavior, New York/Chicago 1965, S. 521 ff. Vgl. auch G. Best: Diplomacy in the United Nations. Ph. D. Diss. Northwestern University 1960.

51 Vgl. J. G. Hadwen–J. Kaufmann: How United Nations Decisions Are Made. New York/Leyden 1962, S. 54; B. F. Matecki: Establishment of the International Finance Corporation. New York 1957, S. 143. Beispiele für Sowjetdiplomaten bei A. Dallin: Sowjetunion und Vereinte Nationen. Köln 1965.

52 Alger, a. a. O. (Anm. 34).

53 Als Beispiel sei auf Liberia hingewiesen.

54 J. G. March–H. A. Simon: Organizations. New York/London 1958, S. 128.

55 B. Lindemann: Die Bundesrepublik Deutschland und das Tätigkeitsfeld der Vereinten Nationen. In: U. Scheuner–B. Lindemann (Hrsg.), Die Vereinten Nationen und die Mitarbeit der Bundesrepublik Deutschland, München/Wien 1973, S. 217 ff.

56 Vgl. u. a. M. al-H. Afifi: The Arabs and the United Nations. London 1964; S. N. Anabtawi: Afro-Asian States and the Hungarian Question. In: IO, 1963, S. 872 ff.; K. I. Babaa: The ‹Third Force› and the United Nations. In: American Academy of Political and Social Sciences, 1965, S. 81 ff.; A. B. Fox: Small States of Western Europe in the United Nations. In: IO, 1965, S. 774 ff.; B. D. Meyers: African Voting in the United Nations General Assembly. In: Journal of Modern African Studies, 1966, S. 213 ff.; B. Wood–M. M. Morales: Latin America and the United Nations. In: IO, 1965, S. 714 ff.; Hovet, a. a. O. (Anm. 49).

57 A. Lijphart: The Analysis of Bloc Voting in the General Assembly: a critique and a proposal. In: American Political Science Review (APSR), 1963, S. 902 ff.; B. M. Russett: Discovering Voting Groups in the United Nations. In: APSR, 1966, S. 327 ff.

58 Vgl. zum Beispiel den prowestdeutschen Standpunkt dieser Staatengruppe in der deutschen Frage (P. Pawelka: Die UNO und das Deutschlandproblem. Tübingen 1971, S. 199 f.).

59 Russett, a. a. O. (Anm. 57).

60 Vgl. O. R. Young: The United Nations and the International System. In: IO, 1968, S. 902 ff.

61 R. J. Rummel: Some Attributes and Behavioral Pattern of Nations. In: JPR, 1967, S. 196 ff.; ders.: Indicators of Cross National and International Patterns. In: APSR, 1969, S. 127 ff.

62 Die angegebenen Resultate stammen aus folgenden Untersuchungen. J. E. Vincent: The Caucusing Groups of the United Nations: An Examination of their Attitudes Toward the Organization. Oklahoma State University Press 1965; ders.: The Convergence of Voting and Attitude Patterns of the United Nations. In: Journal of Politics, 1969, S. 952 ff.; ders.: An Analysis of Caucusing Group Activity at the United Nations. In: JPR, 1970, S. 133 ff.; ders.: Predicting Voting Patterns in the General Assembly. In: APSR, 1971, S. 471 ff.; ders.: An Application of Attribute Theory to General Assembly Voting Patterns, and some Implications. In: IO, 1972, S. 551 ff.

63 Vgl. D. A. Kay: The Impact of African States on the United Nations. In: IO, 1969, S. 20 ff.

64 B. M. Russett: Trends in World Politics. New York/London 1965, S. 98.

65 So kommt man zum Beispiel zu dem Ergebnis, daß die Beiträge von 82 Staaten zusammen nur 5,67 % des UN-Budgets betragen (W. M. Kotschnig: The United Nations as an Instrument of Economic and Social Development. In: Gardner–Millikan, a. a. O. [Anm. 35], S. 16 ff., S. 21).

66 E. T. Rowe: Financial Support for the United Nations: The Evolution of Member Contributions, 1946–1969. In: IO, 1972, S. 619 ff.

67 Skjelsbaek, a. a. O. (Anm. 15 und 31).

68 R. L. Merritt: Systems and the Disintegration of Empires. In: General Systems 1963, S. 91 ff.

69 Vgl. die Darstellung dieser Einstellung bei R. Kapferer: Entwicklungshilfe zwischen Neo-Imperialismus und Weltinnenpolitik. Eine Bilanz am Ende der ersten Entwicklungsdekade. In: Aus Politik und Zeitgeschichte, Beilage zur Wochenzeitung ›Das Parlament‹, B 24/71, 12. 6. 1971, S. 14.

70 J. S. Nye jr.–R. O. Keohane: Transnational Relations and World Politics: A Conclusion. In: Keohane–Nye, a. a. O. (Anm. 10), S. 371 ff., S. 396 ff.

71 Vgl. zum Beispiel die geringe Reichweite der Regierungskontrolle in Pakistan. Über die Schwierigkeiten bei der Besteuerung K. v. Vorys: Political Development in Pakistan. Princeton 1965, S. 46 ff., S. 59 ff.

72 Junne–Nour, a. a. O. (Anm. 18), S. 154 ff.

73 Ebd., S. 168 ff.

74 Vgl. die Literaturhinweise bei R. S. Walters: International Organizations and Political Communication: The Use of UNCTAD by less Developed Countries. In: IO, 1971, S. 818 ff., S. 827. Die Thesen der lateinamerikanischen Strukturalisten vgl. bei R. Thorp: Inflation and the Financing of Economic Development. In: K. Griffin (ed.), Financing Development in Latin America, London/Basingstoke 1971, S. 182 ff.; S. T. Krasner: The IMF and the Third World. In: IO, 1968, S. 679 ff.

75 Vgl. die Schilderungen bei H. Tavares de Sá: The Play within the Play. The Inside Story of the UN. New York 1966.

76 Vergleiche einen solchen Vorschlag bei R. Fisher–P. D. Trooboff: Making the United Nations Work Better: Organizational and Procedural Reform. In: The United Nations: The Next Twenty-Five Years. Twentieth Report of the Commission to Study the Organization of Peace, New York 1970, S. 219 ff.

77 Vgl. die zahlreichen föderalistischen und funktionalistischen sowie kommunikations- und lerntheoretischen Ansätze in der Diskussion der westeuropäischen Integration.

78 So hat Tschou En-lai den Ostafrikanischen Gemeinsamen Markt als Kontrollinstrument außerregionaler Interessen bezeichnet.

79 Vgl. diese Strategie als eine Alternative bei der Gewinnung größerer Autonomie bei A. W. Gouldner: Reciprocity and Autonomy in Functional Theory. In: L. Gross (ed.), Symposium on Sociological Theory, Evanston 1959, S. 241 ff.

80 F. Kahnert et al.: Economic Integration among Developing Countries. Paris 1969, S. 101 ff.

81 Junne–Nour, a. a. O. (Anm. 18), S. 109 ff.

82 Die Asymmetrie innerhalb der Schiffahrtskonferenzen führt dazu, daß die Mitglieder aus den Entwicklungsländern von den dominierenden Reedern geradezu als Pressure-groups gegen ihre eigenen Regierungen verwendet werden (I. Haji: UNCTAD and Shipping. In: Journal of World Trade Law, 1972).

83 Ähnlich bei Skjelsbaek, a. a. O. (Anm. 32), S. 319.

84 UNCTAD, Committee for Manufactures, Series TD/B/C 2/25.

85 Kahnert et al.: a. a. O. (Anm. 80), S. 120.

86 F. C. Eckenstein: Die wirtschaftliche Zusammenarbeit und regionale Integration zwischen Entwicklungsländern: Probleme und Möglichkeiten. In: Außenwirtschaft, 1972, S. 28 ff.

87 Kahnert et al., a. a. O. (Anm. 80), S. 98 f.

88 E. Senghaas-Knobloch: Frieden durch Integration und Assoziation. Stuttgart 1969, S. 94.

89 Vgl. M. Tanzer: The Political Economy of International Oil and the Underdeveloped Countries. Boston 1969, S. 70 ff. Das Ausscheren Irans aus der gemeinsamen Front 1972 schwächte die OPEC entscheidend. Ähnlich negative Erfahrungen machte Chile mit einer lediglich verbalen Unterstützung der Organisation kupferexportierender Länder.

90 Vgl. die Regional Cooperation for Development zwischen Iran, Pakistan und der Türkei.

91 Skjelsbaek, a. a. O. (Anm. 15).

92 Vergleiche ähnliche Gedanken bei Kotschnig, a. a. O. (Anm. 65), S. 43 und Skjelsbaek, a. a. O. (Anm. 31), S. 132.

93 Vgl. stellvertretend für viele R. H. Green: U.N.C.T.A.D. and After: Anatomy of a Failure. In: Journal of Modern African Studies, 1967, S. 244 ff.

94 G. A. Almond–G. B. Powell jr.: Comparative Politics: A Development Approach. Boston 1966, S. 88.

95 Dies ist eine Anleihe bei den »pattern variables« von T. Parsons (T. Parsons: The Social System. Glencoe 1951, S. 58 ff.).

96 Vgl. Ch. Sen: Against the Cold War. London 1962, S. 168; W. R. Soerjono: Der Gedanke der Blockfreiheit in Südostasien. Stuttgart 1964; B. Pfahlberg: Zur Politik afro-asiatischer Staaten in den Vereinten Nationen 1945 bis 1960. Baden-Baden 1966.

97 Vgl. P. W. Blair: The Dimension of Poverty. In: IO, 1969, S. 683 ff., S. 687;

E. B. Haas: Tangle of Hopes: American Commitments and World Order. Englewood Cliffs 1969, S. 252; R. E. Asher: International Agencies and Economic Development: An Overview. In: IO, 1968, S. 432 ff., S. 435.

98 Der Name kommt von der »Joint Declaration of the Seventy-Seven Developing Countries Made at the Conclusion of the United Nations Conference of Trade and Development« (UNCTAD Proceedings, 1964, Vol. 1, S. 66 ff.).

99 Vgl. B. Gosovic: UNCTAD: North-South Encounter. In: International Conciliation, May 1968, S. 21; ders.: UNCTAD: Conflict and Compromise. Leiden 1972.

100 Skupnik, a. a. O. (Anm. 45).

101 Dies geschieht für die westlichen Industriestaaten zunehmend im OECD-Rahmen.

102 Vgl. C. Furtado: La concentración del poder economico en los Estados Unidos y sus proyecciones en América Latina. In: Estudios Internationales, 1968, Nos 3–4 (Santiago).

103 T. E. Weisskopf: Underdevelopment, Capitalistic Growth and the Future of the Poor Countries. World Order Models Project, 1970.

104 Vergleiche die Politik der brasilianischen Militärregierung, die ausländisches Kapital fördert und gleichzeitig politische Partizipation bekämpft (O. Ianni: Crisis in Brazil. New York 1970).

105 V. Faria: Dependência e ideologia empresarial. Paper presented at the Ninth Latin American Congress of Sociology, Mexiko City, November 1969.

106 O. Sunkel: Integration Capitaliste Transnationale et Desintegration nationale en Amerique Latin. In: Politique Etrangère, 1970, S. 641 ff.

107 Vgl. Skupnik, a. a. O. (Anm. 45).

108 S. D. Bailey: The General Assembly of the United Nations. London 1960, S. 175; ders.: The Secretariat of the United Nations. New York 1962, S. 69, S. 84; I. M. Jarvad: Power versus Equality. In: Proceedings of IPRA Second Conference, Vol. I, Assen 1968, S. 308 ff.

109 Vgl. u. a. A. A. Majid: Some Effects of Selected Resolutions of the United Nations General Assembly on International Law. Ph. D. Diss. New York University 1966.

110 Vgl. zum Beispiel P. M. Blau: The Dynamics of Bureaucracy. Chicago 1955, S. 242 ff.; L. C. Gawthrop: Bureaucratic Behavior in the Executive Branch. An Analysis of Organizational Change. New York/London 1969, S. 184 f.; C. Press–A. Arian: Empathy and Ideology: Aspects of Administrative Innovation. In: dies. (eds.), Empathy and Ideology: Aspects of Administrative Innovation, Chicago 1967, S. 3 ff.

111 K. Jacobsen: Sponsorships in the United Nations. A System Analysis. In: JPR, 1969, S. 235 ff.

112 Jacobsen, a. a. O. (Anm. 28), S. 46.

113 Kotschnig, a. a. O. (Anm. 65), S. 38.

114 OECD: Development Assistance. Effects and Policies of the Members of the DAC. 1970 Review. Paris 1970, S. 123.

115 Vgl. W. Bickel: Die Steuer als Instrument des Einkommens- und Vermö-

gensausgleichs. In: Probleme der öffentlichen Finanzen und der Währung, Zürich 1949, S. 15 ff.; F. Neumark: Grundsätze gerechter und ökonomisch rationaler Steuerpolitik. Tübingen 1970, S. 187.

116 Vgl. H. Haller: Die Steuern. Grundlinien eines rationalen Systems öffentlicher Abgaben. Tübingen 1964, S. 292 ff.

117 Vergleiche zum Beispiel den Berechnungsschlüssel bei P. M. Rosenstein-Rodan: International Aid for Underdeveloped Countries. In: The Review of Economics and Statistics, 1961, S. 107 ff. Verwendet werden Bevölkerungszahl, Anzahl der Familien, Bruttonationalprodukt (BNP), BNP bezogen auf Bevölkerungszahl und BNP je Familie.

118 R. Eder: Entwicklungshilfe und Umverteilungspostulat. In: Außenwirtschaft, 1972, S. 42 ff.

119 Vgl. zu diesem Prinzip I. M. D. Little–J. M. Clifford: International Aid. A discussion of the flow of public resources from rich to poor countries with particular reference to British policy. London 1965, S. 214.

120 R. C. North–N. Choucri: Population and the International System: Some Implications for United States Policy on Planning. Paper prep. for the National Commission on Population Growth and the American Future, August 1971.

121 Z. Vavra: Projections of World Population. Distinguishing More Developed and Less Developed Areas at Present. In: Proceedings of World Population Conference, 1965, Vol. 2. Selected Papers and Summaries: Fertility, Family, Planning, Mortality, S. 49 ff.

122 N. Choucri, with the research assistance of J. P. Bennett: Population, Resources, and Technology: Political Implications of the Environmental Crisis. In: IO, 1972, S. 175 ff.

123 B. Johnson: The United Nations' Institutional Response to Stockholm: A Case Study in the International Politics of Institutional Change. In: IO, 1972, S. 255 ff.; R. C. d'Arge–A. V. Kneese: Environmental Quality and International Trade. In: IO, 1972, S. 419 ff.

124 J. A. Lee: Environmental Considerations in Development Finance. In: IO, 1972, S. 337 ff., S. 345.

125 J. A. de Araujo Castro: Environment and Development: The Case of the Less Developed Countries. In: IO, 1972, S. 401 ff., S. 404.

126 GA-Res. 2657 (XXV) vom 7. Dezember 1970.

127 Vgl. z. B. P. Baran: Political Economy of Growth. New York/London 1960, S. 251; P. Jalée: Die Ausbeutung der Dritten Welt. Frankfurt 1968; C. Schuhler: Zur politischen Ökonomie der Armen Welt. München 1968; H.-G. Isenberg: Imperialismus und Entwicklungshilfe – Zur Stabilisierung der Abhängigkeit. In: Das Argument, 1969, S. 50 ff., S. 52.

128 I. L. Claude jr.: Collective Legitimation as a Political Function of the United Nations. In: IO, 1966, S. 367 ff.

129 Zum Beispiel Weltbank, Internationaler Währungsfonds und FAO (Dallin, a. a. O. [Anm. 51]).

130 Vgl. W. R. Sharp: The United Nations Economic and Social Council. New York/London 1969, S. 75 ff.

131 Vgl. de Araujo Castro, a. a. O. (Anm. 125).

132 Vgl. P. Pawelka: Strategien einer innovativen UN-Politik. In: Scheuner-Lindemann, a. a. O. (Anm. 55). Ausführlicher bei G. Raichle: Kollektivsicherheit und Aggressionsbegriff. Begriffswandel und Funktion des Konzepts der kollektiven Sicherheit in Theorie und Praxis der Vereinten Nationen, untersucht anhand des Begriffs und der Feststellungsweise der »Aggression«. Tübingen 1972.

133 So zum Beispiel in der Weltbank. Vergleiche ihre Antragsaktivitäten in den mit wirtschaftlichen Fragen befaßten GV-Ausschüssen (Jacobsen, a. a. O. [Anm. 111], S. 252).

134 Sharp, a. a. O. (Anm. 130).

135 Blough, a. a. O. (Anm. 35), S. 165.

136 Vergleiche zu diesem strategischen Verhalten E. E. Schattschneider: The Semi-Sovereign People: A Realist's View of Democracy in America. New York 1960, S. 62 ff.

137 H. Sprout–M. Sprout: Environmental Factors in the Study of International Politics. In: J. N. Rosenau (ed.), International Politics and Foreign Policy, New York 1961, S. 106 ff.

138 Vergleiche das kybernetische Modell eines außenpolitischen Systems bei M. Brecher–B. Steinberg–J. Stein: A framework for research on foreign policy behavior. In: JCR, 1969, S. 75 ff.

139 Kotschnig, a. a. O. (Anm. 65).

140 Vergleiche dazu die allerdings sehr unkritische Studie von E. Kurth: UNCDF – eine bis jetzt gescheiterte Initiative. Der Kapitalentwicklungsfonds der UN ist noch ein Torso. In: VN, 1969, S. 178 ff.

141 Vgl. Sharp, a. a. O. (Anm. 130).

142 Kay, a. a. O. (Anm. 63).

143 Vgl. J. R. Schlesinger: Strategic Leverage from Aid and Trade. In: D. M. Abshire–R. V. Allen (eds.), National Security: Political, Military, and Economic Strategies in the Decade Ahead, New York 1963, S. 687 ff.

144 Vgl. I. L. Horowitz: Three Worlds of Development: The Theory and Practice of International Stratification. Oxford University Press 1966, S. 164 ff.

145 Walters, a. a. O. (Anm. 74), S. 826.

146 R. N. Gardner: The United Nations Conference on Trade and Development. In: IO, 1968, S. 99 ff.; E. Bernstein: The International Monetary Fund. In: IO, 1968, S. 131 ff., S. 141.

147 Walters, a. a. O. (Anm. 74), S. 829.

148 D. H. Pollock: Pearson and UNCTAD: A Comparison. In: International Development Review, 1970, Vol. 12, No. 4, S. 14 ff.

149 Sharp, a. a. O. (Anm. 130).

150 Vergleiche zu diesen Problemen stellvertretend folgende beide Arbeiten, die zudem viele Literaturhinweise geben: F. Naschold: Organisation und Demokratie. Stuttgart/Berlin/Köln/Mainz 1969; R. Zintl: Organisation und Innovation. In: PVS, 1970, S. 219 ff.

151 Vgl. dazu die Fallstudien und die systematische Analyse bei Pawelka, a. a. O. (Anm. 58), S. 43 ff., S. 55 ff., S. 154 ff.

152 W. F. Hanrieder: International System and Foreign Policy: The Foreign Policy Goals of the Federal Republic of Germany. University of California, Berkeley 1963, S. 215 ff.

153 Ebenda.

154 Vgl. exemplarisch O. R. Young: The Intermediaries. Third Parties in International Crisis. Princeton University 1967.

155 Vergleiche stellvertretend für den kritischen Ansatz in den Internationalen Beziehungen, der diese Problematik besonders herausarbeitet, F. Schlupp–S. Nour–G. Junne: Zur Theorie und Ideologie internationaler Interdependenz. In: K. J. Gantzel (Hrsg.): Internationale Beziehungen als System, PVS 1973, Sonderheft 5, S. 245 ff.

156 Young, a. a. O. (Anm. 154), S. 161.

157 Vgl. zum Beispiel die französische Außenpolitik de Gaulles oder die Außenpolitik Rumäniens in den sechziger Jahren.

158 Vgl. E. Krippendorff: Zum Imperialismusbegriff. In: ders., Probleme der internationalen Beziehungen, Frankfurt 1972, S. 177 ff., S. 199 ff. Es würde zum Beispiel dem kritischen Erkenntnisinteresse ebenfalls mehr nützen, wenn solche Propositionen als Hypothesen kenntlich gemacht und getestet würden.

159 Abgesehen von einigen regionalen Gegnern erhofft sich die Dritte Welt von der VR China eine Solidarisierung innerhalb der eigenen Reihen und eine Stärkung ihres politischen Druckpotentials. Peking könnte sein revolutionäres Charisma in eine globale Strukturierungsstrategie werfen und dadurch allmählich ein Klassenbewußtsein an der Peripherie erzeugen. Vgl. P. Gäng–R. Reiche: Modelle der kolonialen Revolution. Beschreibung und Dokumente. Frankfurt 1967. Besonders Lin Piaos Lehren der chinesischen Revolution für die Weltrevolution (S. 180 ff.). Andererseits scheinen einige entwicklungsrelevante Faktoren der chinesischen politischen Kultur mehr für einen »individualen« Anschluß an den industrialisierten Norden zu sprechen.

160 Vgl. J. G. Stoessinger, with ass. of R. G. McKelvey: The United Nations and the Superpowers: United States – Soviet Interaction and the United Nations. New York 1965, S. 23 f.; W. W. Kulski: International Politics in a Revolutionary Age. New York 1968, S. 522 ff.; A. Ross: The United Nations: Peace and Progress. Totowa, N. J. 1966, S. 48; F. L. Schuman: International Politics. New York 71969, S. 245.

161 E. T. Rowe: Changing Patterns in the Voting Success of Member states in the United Nations General Assembly: 1945–1966. In: IO, 1969, S. 231 ff.

162 Vgl. Jacobsen, a. a. O. (Anm. 111). Ähnlich Rowe, a. a. O. (Anm. 66), S. 654 f.

163 Vergleiche zum Beispiel die stärker werdende Betonung des Sicherheitsrates durch die USA (J. E. Todd: An Analysis of Security Council Voting Behavior. In: Western Political Quarterly 1969, S. 61 ff.).

164 C. S. Manno: Majority Decisions and Minority Responses in the UN General Assembly. In: JCR, 1966, S. 1 ff.

165 Jacobsen, a. a. O. (Anm. 111).

166 Ebenda.

167 C. S. Manno: Problems and Trends in the Composition of Nonplenary UN Organs. In: IO, 1965, S. 37 ff.

168 Vgl. E. Reid: The Future of the World Bank. Washington 1965, S. 19.

169 A. Lall: The Security Council in a Universal United Nations. New York 1971.

170 Vgl. Skupnik, a. a. O. (Anm. 45) und D. Tiegel: Weltwährungssystem und Dritte Welt. In: VN, 1972, S. 154 ff.

171 Vergleiche zu einer Darstellung systemtheoretischer Konzepte im Bereich der Internationalen Beziehungen P. Pawelka: Systemtheoretische Beiträge zu einer Taxonomie intra- und intersystemischen Verhaltens in den internationalen Beziehungen. In: K. J. Gantzel (Hrsg.), a. a. O. (Anm. 155), S. 17 ff.

172 Naschold, a. a. O. (Anm. 150), S. 60 f.

II. Autonomie

1 Vergleiche zu diesen Kategorien im Bereich der Internationalen Beziehungen generell P. Pawelka: Systemtheoretische Beiträge zu einer Taxonomie intra- und intersystemischen Verhaltens in den internationalen Beziehungen. In: K. J. Gantzel (Hrsg.), Internationale Beziehungen als System, PVS, 1973, Sonderheft 5, S. 17 ff.

2 J. Citrin: United Nations Peacekeeping Activities: A Case Study in Organizational Task Expansion. In: Monograph Series in World Affairs, Vol. III, Monograph No. 1, 1965/66, The University of Denver.

3 Vgl. A. W. Gouldner: Reciprocity and Autonomy in Functional Theory. In: L. Gross (ed.), Symposium on Sociological Theory, Evanston 1959, S. 241 ff.; K. W. Deutsch: Politische Kybernetik. Modelle und Perspektiven. Freiburg 1969; A. Etzioni: The Active Society. London/New York 1968.

4 G. Simonis: Außenpolitischer Handlungsspielraum und politische Autonomie. In: Gesellschaftlicher Wandel und politische Innovation. PVS, 1972, Sonderheft 4, S. 282 ff.

5 Vgl. A. Etzioni: Elemente einer Makrosoziologie. In: W. Zapf (Hrsg.), Theorien des sozialen Wandels, Köln/Berlin 1969, S. 147 ff.

6 J. W. Burton: The Declining Relevance of Coercion in World Society. In: The Yearbook of World Affairs 1968, London 1968, S. 35 ff.

7 Vgl. stellvertretend für zahlreiche Arbeiten W. R. Frye: A United Nations Peace Force. New York 1957; F. v. Langenhove: La crise du système de sécurité collective des Nations Unies 1946–1957. Brüssel 1958; G. Raichle: Kollektivsicherheit und Aggressionsbegriff. Tübingen 1972.

8 W. Koo jr.: Voting Procedures in International Political Organizations. New York 1947, S. 117, S. 124, S. 134. Vgl. auch I. L. Claude jr.: The Management of Power in the Changing United Nations. In: IO, 1961, S. 219 ff. Zur Installation dieses Konsensus-Instruments vgl. R. B. Russell–J. E. Muther: A History of the United Nations Charter. Washington 1958; L. M. Goodrich: The United Nations. New York 1959, S. 161.

9 Vgl. ausführlich G. D. Paige: The Korean Decision: June 24–30, 1950. New York 1968.

10 E. B. Haas: Dynamic Environment and Static System: Revolutionary Regimes in the United Nations. In: M. A. Kaplan (ed.), The Revolution in World Politics, New York/London 1962, S. 267 ff.

11 Vergleiche in diesem Zusammenhang die Uniting-for-Peace-Resolution GA Res. 377 A (V), vom 3. November 1950.

12 Vgl. T. Parsons: Polarization and the Problem of International Order. In: Q. Wright–W. Evan–M. Deutsch (eds.), Preventing World War III, New York 1962, S. 310 ff.; J. Galtung: On the Future of the International System. In: JPR, 1967, S. 305 ff.; H. R. Alker jr.–B. M. Russett: World Politics in the General Assembly. New Haven/London 1965.

13 Vgl. z. B. H. J. Spiro: World Politics: The Global System. Homewood, Ill. 1966, und Alker–Russett, a. a. O. (Anm. 12).

14 A. Downs: An Economic Theory of Democracy. New York 1957.

15 Alker–Russett, a. a. O. (Anm. 12).

16 P. Pawelka: Haben die Vereinten Nationen versagt? Eine Fallstudie über die UNO im Nahost-Konflikt 1967. In: Der Bürger im Staat, 1967, S. 83 ff.

17 K. Jacobsen: Sponsorships in the United Nations. A System Analysis. In: JPR, 1969, S. 235 ff.

18 B. M. Russett: Trends in World Politics. New York/London 1965, S. 83.

19 P. Pawelka: Die UNO und das Deutschlandproblem. Tübingen 1971, S. 195 ff.

20 Die Öffnung der BRD nach Osten wurde durch das Kabinett Ludwig Erhard eingeleitet und von der Großen und der sozial-liberalen Koalition fortgesetzt. Die neue Ostpolitik ist demnach ein typisches Beispiel einer inkrementalen Innovation.

21 Alker–Russett, a. a. O. (Anm. 12); Russett, a. a. O. (Anm. 18); E. T. Rowe: The United States, the United Nations, and the Cold War. In: IO, 1971, S. 59 ff.

22 Pawelka, a. a. O. (Anm. 19), S. 201.

23 C. S. Manno: Majority Decisions and Minority Responses in the UN General Assembly. In: JCR, 1966, S. 1 ff.

24 Haas, a. a. O. (Anm. 10).

25 Manno, a. a. O. (Anm. 23).

26 Russett, a. a. O. (Anm. 18), S. 78 ff., S. 87 ff.

27 Russett, ebd., S. 78 ff.; H. Newcombe–M. Ross–A. G. Newcombe: United Nations Voting Patterns. In: Proceedings of the International Peace Research Association, Third General Conference, Vol. II, Assen 1970, S. 51 ff.

28 Jacobsen, a. a. O. (Anm. 17).

29 Vgl. dazu grundlegend L. A. Coser: The Functions of Social Conflict. London 1956, und R. C. North–H. E. Koch jr..–D. A. Zinnes: The integrative functions of conflict. In: JCR, 1960, S. 355 ff.

30 Russett, a. a. O. (Anm. 18), S. 101 ff.; Jacobsen, a. a. O. (Anm. 17); Rowe, a. a. O. (Anm. 21).

31 T. Hovet jr.: Africa in the United Nations. Northwestern University Press 1963, S. 219.

32 Jacobsen, a. a. O. (Anm. 17).

33 Russett, a. a. O. (Anm. 18).

34 Die Prozentsätze sanken bis zum Ende der fünfziger Jahre und stiegen im Laufe der sechziger Jahre auf das Niveau von 1946–1950.

35 E. T. Rowe: Financial Support for the United Nations: The Evolution of Member Contributions, 1946–1969. In: IO, 1972, S. 619 ff.

36 L. P. Bloomfield: The United States, the Soviet Union and the Prospects for Peacekeeping. In: IO, 1970, S. 548 ff.

37 G. Tunkin: Die rechtliche Natur der UNO und der Weg zur Festigung der internationalen Organisationen. In: VN, 1965, S. 121 ff. Über die UN-Politik der Sowjets vgl. generell A. Dallin: Sowjetunion und Vereinte Nationen. Köln 1965.

38 Revolutionäre Bewegungen in der Dritten Welt heben den Status-quo-Charakter des UN-Systems hervor und konstatieren seine geringe Neigung zu innovativem Verhalten. Da die UN als Instrument nationaler herrschender Interessen empfunden werden, wäre die Hebung ihrer Kontrollkapazität nur unter dem Aspekt der Effektivität von Ausbeutung zu verstehen.

39 E. B. Haas: Collective Security and the Future International System. Denver 1968. Monograph Series in World Affairs, 5/1; M. W. Zacher: United Nations Involvement in Crises and Wars: Past Patterns and Future Possibilities. Paper Delivered at the Sixty-Sixth Annual Meeting of the American Political Science Association. Los Angeles, September 8–12, 1970.

40 W. D. Coplin: International Organizations in the Future International Bargaining Process: A Theoretical Projection. In: D. S. Sullivan–M. J. Sattler (eds.), Change and the Future International System, New York/London 1971, S. 81 ff.; K. J. Holsti: Resolving international conflicts: a taxonomy of behavior and some figures on procedures. In: JCR, 1966, S. 273 ff.

41 Vgl. zum Beispiel die Polemik bei L. Dencik: Plädoyer für eine revolutionäre Konfliktforschung. In: D. Senghaas (Hrsg.), Kritische Friedensforschung, Frankfurt 1971, S. 247 ff.

42 Coplin, a. a. O. (Anm. 40); Haas, a. a. O. (Anm. 10).

43 Vgl. S. D. Bailey: Voting in the Security Council. Bloomington/London 1969, S. 75 ff. Ebenfalls A. L. Bennett: The Rejuvenation of the Security Council – Evidence and Reality. In: Midwest Journal of Political Science, 1965, S. 361 ff.

44 Y. Tandon: Consensus and Authority Behind United Nations Peacekeeping Operations. In: IO, 1967, S. 254 ff.

45 Vgl. u. a. P. Seibt: Die Großmächte und die Finanzkrise der UNO. In: Außenpolitik, 1963, S. 477 ff.

46 J. A. Stegenga: UN Peace-Keeping: The Cyprus Venture. In: JPR, 1970, S. 1 ff. Vom Standpunkt des politischen Systems Zyperns her N. I. Wenturis: Der Integrationsprozeß im politischen System der Republik Zypern. Göppingen 1970.

47 Der autonome Spielraum des Generalsekretärs wurde vom Sicherheitsrat und von der Generalversammlung formal anerkannt in der GA-Res. 1237 (ES-III) vom 21. August 1958.

48 Vgl. M. Beer: Die 16. ordentliche Tagung der GV. Ein Wendepunkt in der Geschichte der Vereinten Nationen. In: Deutsche Gesellschaft für die Vereinten Nationen, Mitteilungsblatt 36, November 1961, S. 2 ff. Vgl. zur Autonomie des Se-

kretariats B. Lindemann: Die Bundesrepublik Deutschland und das Tätigkeitsfeld der Vereinten Nationen. In: U. Scheuner–B. Lindemann (Hrsg.), Die Vereinten Nationen und die Mitarbeit der Bundesrepublik Deutschland. München/Wien 1973, S. 217 ff.

49 Ch. Windmore: The Secretariat: Retrospect and Prospect. In: M. Waters (ed.), The United Nations, New York/London 1967, S. 146 ff. Vergleiche dazu eine ähnliche Fragestellung, die für den Problemlösungsprozeß relevant ist, bei S. W. Simon: The Asian States and the ILO: New Problems in International Consensus. In: JCR, 1966, S. 21 ff.

50 Vgl. Citrin, a. a. O. (Anm. 2).

51 C. F. Alger: Personal Contact in Intergovernmental Organizations. In: C. Kelman (ed.), International Behavior, New York/Chicago 1965, S. 521 ff.

52 R. O. Keohane: Institutionalization in the United Nations General Assembly. In: IO, 1969, S. 859 ff.

53 Vergleiche Funktion und Arbeitsweise des Speichers eines kybernetischen Systems, z. B. bei Deutsch, a. a. O. (Anm. 3), S. 125 ff.

54 Vgl. H. G. Nicholas: The United Nations as a Political Institution. London [2]1962; Alger, a. a. O. (Anm. 51).

55 Vgl. L. Gordenker: Policy Making and Secretariat Influence in the UN General Assembly: The Case of Public Information. In: APSR, 1960, S. 359 ff.

56 Dies wird auch gesehen von B. S. Greiwer: Die Weltbank im System der westlichen Hilfe an die Entwicklungsländer. In: Marxist. Blätter, 1971, 5, S. 75 ff.

57 I. E. Galtung: Are International Civil Servants International? A Case Study of UN Experts in Latin America. In: Proceedings of the International Peace Research Association Inaugural Conference, Assen 1966, S. 198 ff.

58 Vgl. H. Tavares de Sá: The Play within the Play. The Inside Story of the UN. New York 1966. Unsystematische Beobachtungen scheinen jedoch vielfache Kooperationen zwischen UN-Beamten und UN-Diplomaten der gleichen Nationalität nachweisen zu können. Dies betrifft zwar nicht nur UN-Beamte aus den sozialistischen Staaten, doch zeigt es sich bei diesen am offensichtlichsten. Vgl. Lindemann, a. a. O. (Anm. 48).

59 T. Parsons: Order and Community in the International Social System. In: J. N. Rosenau (ed.), International Politics and Foreign Policy, New York/London 1961, S. 120 ff.

60 K. Kaiser: Transnationale Politik. In: Die anachronistische Souveränität, PVS, 1969, Sonderheft 1, S. 80 ff.; R. C. Angell: Peace on the March: Transnational Participation. New York 1969.

61 Galtung, a. a. O. (Anm. 12).

62 J. S. Nye jr.–R. O. Keohane: Transnational Relations and World Politics: An Introduction. In: Keohane–Nye (eds.), Transnational Relations and World Politics, Cambridge, Mass. 1972.

63 K. Skjelsbaek: The Growth of International Nongovernmental Organization in the Twentieth Century. In: Keohane–Nye, a. a. O. (Anm. 62), S. 70 ff.

64 Vergleiche zum Beispiel die British East India Company 1599–1858 mit einer parastaatlichen Autonomie in Indien.

65 Vgl. K. P. Sauvant: Multinationale Unternehmen und die Transformation des gegenwärtigen Staatensystems. In: Gesellschaftlicher Wandel ..., a. a. O. (Anm. 4), S. 196 ff.

66 Ebenda.

67 Vgl. H. V. Perlmutter: Super-Giant Firms in the Future. In: Wharton Quarterly 1968, 3, S. 8 ff.; J. Hossiaux: L'avenir des rapports entre les entreprises multinationales et les états nationaux. In: Analyse et Prévision, 10. Nov. 1970, S. 657 ff.

68 J. F. Galloway: Worldwide Corporations and International Integration: The Case of INTELSAT. In: IO, 1970, S. 503 ff.

69 Vgl. M. Z. Brooke–H. L. Remmers: The Strategy of Multinational Enterprise: Organization and Finance. London 1970, S. 299.

70 Sauvant, a. a. O. (Anm. 65).

71 Ch. P. Kindleberger: European Integration and the International Corporation. In: Columbia Journal of World Business, 1966, S. 65 ff.; W. J. Feld: Political Aspects of Transnational Business Collaboration in the Common Market. In: IO, 1970, S. 209 ff.

72 E. Q. Daddario: Technology and the Democratic Process. In: Technology Review, July–August 1971 (Vol. 73, No. 9), S. 20.

73 J. S. Nye jr.–R. O. Keohane: Transnational Relations and World Politics: A Conclusion. In: Keohane–Nye, a. a. O. (Anm. 62), S. 371 ff.

74 F. W. Terrien–D. L. Mills: The Effect of Changing Size upon the Internal Structure of Organizations. In: American Sociological Review (ASR), 1955, S. 11 ff.

75 N. Luhmann: Soziologie des politischen Systems. In: KZSS, 1968, S. 705 ff.

76 J. D. Thompson–W. J. McEwen: Organizational Goals and Environments: Goal setting as an Interaction Process. In: ASR, 1958, S. 23 ff.

77 N. F. Dufty: Organizational Growth and Goal Structure: The Case of the ILO. In: IO, 1972, Vol. 26, S. 479 ff.

78 E. Kurth: UN-Entwicklungssystem am Scheidewege. Jackson-Studie zwingt zu Reformen. In: VN, 1970, S. 80 ff.; W. M. Kotschnig: The United Nations as an Instrument of Economic and Social Development. In: R. N. Gardner–M. F. Millikan (eds.), The Global Partnerships. New York/Washington/London 1968.

79 R. N. Gardner (ed.): Blueprint for Peace. New York 1966, S. 9.

80 Vergleiche zum Beispiel Probleme der Penetration des Alls, der Ausbeutung der Ozeane, der Urbanisierung und vieler Teilbereiche des Umweltschutzes.

81 Sir R. Jackson: A Study of the Capacity of the United Nations Development System. Genf 1969. Vergleiche schon frühere Vorschläge zu einer Straffung der Entwicklungspolitik bei Ü. Kirdar: The Structure of United Nations Economic-Aid to Underdeveloped Countries. The Hague 1966; Kotschnig, a. a. O. (Anm. 78).

82 Vgl. ähnlich Galtung, a. a. O. (Anm. 12).

83 Zu einem ähnlichen synthetischen Ansatz gelangen mit ihrer »Herrschaftssynthese« F. Schlupp–S. Nour–G. Junne: Zur Theorie und Ideologie internationaler Interdependenz. In: K. J. Gantzel (Hrsg.), a. a. O. (Anm. 1), S. 245 ff.

84 A. J. N. Judge: International NGO Groupings. In: International Associations, Feb. 1969, No. 2, S. 89 ff.

85 Skjelsbaek, a. a. O. (Anm. 63).

86 D. A. Kay–E. B. Skolnikoff: International Institutions and the Environmental Crisis: A Look Ahead. In: IO, 1972, S. 469 ff.

87 Vgl. Report of the Preparatory Committee for the United Nations Conference on the Human Environment. UN-Doc. A/CONF. 48/PC 9 und Statement by the Secretary-General of the UN Conference on the Human Environment. UN Press Release HE/2, February 8, 1971.

88 Kay–Skolnikoff, a. a. O. (Anm. 86); B. Johnson: The United Nations' Institutional Response to Stockholm: A Case Study in the International Politics of Institutional Change. In: IO, 1972, S. 255 ff.

89 Vgl. L. N. Lindberg: Integration as a Source of Stress in the European Community System. In: IO, 1966, Vol. 20, S. 233 ff.

90 Die Existenz von Kommunikationsmöglichkeiten garantiert selbstverständlich nicht die Wahrnehmung dieser Gelegenheit. Ist die Alternative jedoch nur aussichtslose Gewaltanwendung der unterdrückten Partei, so erscheint der Zwang zur Kommunikation problemlösungsadäquat.

91 R. Jenkins: Exploitation. London 1970.

92 J. B. Bell: Contemporary Revolutionary Organizations. In: Keohane–Nye (eds.), a. a. O. (Anm. 62), S. 153 ff.

93 Zum Beispiel das Befreiungskomitee der Organisation für die Einheit Afrikas (OAU).

94 Wie eine quantitative Untersuchung feststellte, erwies sich die bisherige Unterstützung von Befreiungsbewegungen in der Dritten Welt durch die VR China als selektiv und dem nationalen Interesse der Volksrepublik unterworfen (P. van Ness: Revolution and Chinese Foreign Policy. Peking's Support for Wars of National Liberation. Berkeley 1970, S. 82, 90 ff.). Dies stärkt nicht gerade die Hoffnungen in diesbezügliche Aktivitäten der Chinesen im UN-Rahmen, zumal die chinesische Doktrin – stets vom eigenen Beispiel ausgehend – den nationalen Imperativ der Revolution betont hat. Die sowjetische Perzeption indessen scheint den Nord-Süd-Konflikt immer noch dem Ost-West-Gegensatz unterzuordnen. Demnach liegt der revolutionäre Ort in der hochindustrialisierten Welt des Spätkapitalismus und nicht in der Dritten Welt. Unter diesem Aspekt wird die Unterstützung der Befreiungsbewegungen von der erwünschten Beziehung in der Ost-West-Dimension abhängen, was ihre »Appendix-Funktion« für die sowjetische außenpolitische Strategie widerspiegelt (R. E. Kießler: Guerilla und Revolution. Externe und interne Faktoren einer lateinamerikanischen Variante des revolutionären Volkskrieges. Ein Beitrag zur Revolution in dekolonialisierten Ländern. Diss. [Maschinenschrift] Tübingen 1972, S. 219 ff.)

95 Vgl. zum Beispiel die von F. Castro durchgesetzte Zusammensetzung der 1. Konferenz von OSPAAAL sowie deren Exekutivsekretariat (D. B. Jackson: Castro, the Kremlin and Communism in Latin America. Baltimore 1969, S. 90 ff.).

96 Während sich die internationalen Gewerkschaftsorganisationen in den fünfziger Jahren vorwiegend mit antikommunistischen Aktionen beschäftigten, wurden sie in den sechziger Jahren im Dekolonialisierungsprozeß und in der Entwicklungsförderung tätig.

97 R. W. Cox: Labor and Transnational Relations. In: Keohane–Nye (eds.), a. a. O. (Anm. 62), S. 204 ff.

98 So unterstützten schwedische Gewerkschaften den Produktionstransfer der Textilindustrie nach Portugal, um sich eines Industriezweigs mit niederen Löhnen zu entledigen (Cox, ebd.).

99 Ebenda.

100 Parsons, a. a. O. (Anm. 59); Galtung, a. a. O. (Anm. 12).

101 D. Osterberg: Youth unrest and global normative consensus. Paper presented at the Western Regional Division, Peace Research Society (International), Berkeley, California, June 1, 1970.

102 Vgl. R. Chin–K. D. Benne: Strategien zur Veränderung sozialer Systeme. In: Gruppendynamik, 1971, S. 343 ff.

103 I. W. Zartman: The Politics of Trade Negotiations between Africa and the European Economic Community. The Weak Confront the Strong. Princeton University Press 1971.

104 N. Choucri, with the research assistance of J. P. Bennett: Population, Resources, and Technology: Political Implications of the Environmental Crisis. In: IO, 1972, S. 175 ff.

105 R. Ewell: U.S. will Lag U.S.S.R. in Raw Materials. In: Chemical and Engineering News, August 24, 1970, Vol. 48, S. 42 ff.

106 Insofern ist der Hinweis über den ursächlichen Zusammenhang zwischen der Notwendigkeit, »kritische« oder »strategische« Materalien einzuführen, und der imperialistischen Politik zu undifferenziert. Vgl. B. Schüngel: Zur Frage der Abhängigkeit der kapitalistischen Länder von den Rohstoffen der Dritten Welt. In: Das Argument, 1969, S. 68 ff. und 275 ff.

107 G. Junne–S. Nour: Zur Analyse internationaler Abhängigkeiten. Berlin (Dez.) 1972 (Maschinenschrift), S. 57 f.

108 K. M. Weigert–R. E. Riggs: Africa and United Nations Elections. An Aggregate Data Analysis. In: IO, 1969, S. 1 ff. Andererseits reagieren die Peripherienationen geradezu allergisch gegen jeden Versuch einzelner ihrer Mitglieder, Führungspositionen zu entwickeln. Lediglich innerhalb der regionalen Gruppen kristallisierten sich »Autoritätszentren« heraus, die teils auf wirtschaftlicher Stärke, Programmatik, Verhandlungsgeschick, Spezialisierung und individuale Fähigkeiten der Delegationsleiter zurückzuführen sind. Folgende Staaten treten hierbei besonders in Erscheinung: unter den Lateinamerikanern Brasilien und Chile, unter den Afrikanern Nigeria, Ghana, Algerien und die VAR sowie unter den Asiaten Indien, Pakistan, Philippinen und Jugoslawien (!). Gruppensprecher der ärmsten Staaten sind Äthiopien, Tansania, Bolivien, Ecuador, El Salvador und Guatemala.

109 M. Deutsch–R. M. Krauss: Studies of interpersonal bargaining. In: JCR, 1962, S. 52 ff.

110 W. M. Evan–J. A. Mac Dougall: Interorganizational conflict: a labor-management bargaining experiment. In: JCR, 1967, S. 398 ff.

111 Vgl. u. a. Coser, a. a. O. (Anm. 29) und North–Koch–Zinnen, a. a. O. (Anm. 29).

112 E. T. Penrose: The Large International Firm in Developing Countries: The International Petroleum Industry. London 1968, S. 199.

113 Vgl. M. Barkun: Conflict Resolution through Implicit Mediation. In: JCR, 1964, S. 121 ff., S. 126.

114 Vgl. die wenigen Ausnahmen: O. R. Young: The Intermediaries. Third Parties in International Crisis. Princeton University 1967; M. C. Ott: Mediation as a Method of Conflict Resolution: Two Cases. In: IO, 1972, Vol. 26, S. 595 ff. Die Parallele zur Vermittlung im Arbeitskonflikt wurde zwar relativ früh gesehen, doch fing die »bargaining«-Diskussion in den internationalen Beziehungen erst nach dem Abebben des Kalten Krieges an. Vgl. z. B. E. Jackson: Meeting of Minds: A Way to Peace through Mediation. New York 1952.

115 J. E. Podell–W. M. Knapp: The effect of mediation on the perceived firmness of the opponent. In: JCR, 1969, S. 511 ff.

116 A. A. Fatouros: An international code to protect private investment. In: Law Journal, 1961, Vol. 14; A. Larson: Recipient rights under an international investment Code. In: Journal of Public Law, 1960, Vol. 9.

117 Vgl. K. Lewin: Resolving Social Conflicts. New York 1948.

118 Vergleiche meine Übersicht über verschiedene Theorien des Attitüden- und Perzeptionswandels (P. Pawelka: Konfiguration und Prozeß des Bundestagswahlkampfes 1969 im Wahlkreis Reutlingen-Tübingen. In: K. v. Beyme–P. Pawelka–P. Seibt–P. Staisch, Wahlkampf und Parteiorganisation. Eine Regionalstudie zum Bundestagswahlkampf 1969, Tübingen 1974.

119 Dies dürfte vor allem für die Vertreter des marxistischen Ansatzes gelten.

120 Vgl. J. W. Burton: Conflict and Communication: The Use of Controlled Communication in International Relations. London 1969; R. J. Fischer: Third Party Consultation: A Method for the Study and Resolution of Conflict. In: JCR, 1972, S. 67 ff.

121 R. E. Walton: Interpersonal Peacemaking: Confrontations and Third Party Consultation. Reading, Mass. 1969, S. 131.

122 Vgl. A. Meyer: Function of the Mediator in Collective Bargaining. In: Industrial and Labor Relations Review, 1960, S. 161 ff.

123 G. A. Muench: A clinical psychologist's treatment of labor-management conflicts: a four year study. In: Journal of Humanistic Psychology, 1963, S. 92 ff.

124 R. R. Blake–J. S. Mouton–R. L. Sloma: The Union-Management Intergroup Laboratory: Strategy for Resolving Intergroup Conflict. In: W. G. Bennis et al. (eds.), The Planning of Change, New York/Chicago [2]1969, S. 176 ff.; R. R. Blake–J. S. Mouton: The intergroup dynamics of win-lose conflict and problem-solving collaboration in union-management relations. In: M. Sherif (ed.), Intergroup Relations and Leadership, New York 1962, S. 94 ff.; R. R. Blake–H. A. Shepard–J. S. Mouton: Managing Intergroup Conflict in Industry. Houston 1964.

125 Eine ähnliche Unterscheidung zwischen »bargaining« und Kompromiß auf der einen Seite sowie Problemlösung und kreativer Integration auf der anderen trifft auch D. Katz: Nationalism and strategies of international conflict resolution. In: H. C. Kelman (ed.), International Behavior: A Social-Psychological Analysis, New York 1965, S. 356 ff.

126 Vgl. z. B. Nye–Keohane, a. a. O. (Anm. 73).

127 Vergleiche den Jackson-Report: Jackson, a. a. O. (Anm. 81).

128 Ebenda. Vgl. auch Kirdar, a. a. O. (Anm. 81).

129 Dabei soll nicht versucht werden, gegenwärtig dominierende Subsysteme, wie das Weltbanksystem u. a., egalitären Organen unterzuordnen, da ein solches Modell zu weit von der Wirklichkeit entfernt ist. Insofern betrachte ich dieses Konzept in der Intention mit dem von E. B. Haas als identisch, versuche jedoch auf Umwegen diesem Ziel näherzukommen. Vgl. E. B. Haas: Trade, Aid, and Money: Guidelines for American Policy in the United Nations. In: The United Nations: the Next Twenty-five Years, Twentieth Report of the Commission to Study the Organization of Peace, New York 1970, S. 185 ff.

130 H. A. Shephard: Innovationshemmende und innovationsfördernde Organisationen. In: Gruppendynamik, 1971, S. 375 ff.

131 Vgl. Haas, a. a. O. (Anm. 129).

132 Ähnlich Nye–Keohane, a. a. O. (Anm. 73).

133 Haas, a. a. O. (Anm. 129).

134 Zum Modell des temporären Systems vgl. M. B. Miles: On Temporary System. In: ders. (ed.), Innovation in Education. New York [2]1967, S. 437 ff. Auf dem politischen Sektor Pawelka, a. a. O. (Anm. 118); ders.: Parteiorganisation und Wahlkampf. In: Der Bürger im Staat, 1973, S. 40 ff. Zur Verwendung eines temporären Systems im UN-System vgl. R. Fisher–P. D. Trooboff: Making the United Nations Work Better: Organizational and Procedural Reform. In: The United Nations ..., a. a. O. (Anm. 129), S. 219 ff.

135 Walton, a. a. O. (Anm. 121).

136 Coplin, a. a. O. (Anm. 40).

137 Kay–Skolnikoff, a. a. O. (Anm. 86); J. A. de Araujo Castro: Environment and Development: The Case of the Less Developed Countries. In: IO, 1972, S. 401 ff.; R. C. d'Arge–A. V. Kneese: Environmental Quality and International Trade. In: IO, 1972, S. 419 ff.

Zusammenfassung

1 So in einem Paper, das der Sektion »Internationale Politik« der DVPW im Januar 1973 vorlag (W. Skupnik: Die ›Vereinten Nationen‹ als Forschungsgegenstand in der Bundesrepublik).

2 Vergleiche eine erst kürzlich erfolgte Neuformulierung von Problemstellungen im Bereich internationaler Organisationen: P. C. Schmitter: The »Organizational Development« of International Organizations. In: IO, 1971, S. 917 ff.

3 Vgl. dazu die ersten Reflexionen über ein Bezugssystem solcher Globalanalyse bei W. Hein–G. Simonis: Theoretische und methodische Probleme einer kritischen Theorie internationaler Politik. In: PVS, 1973, S. 85 ff.

4 R. O. Keohane: Institutionalization in the United Nations General Assembly. In: IO, 1969, S. 859 ff.; Schmitter, a. a. O. (Anm. 2); N. F. Dufty, Organizational Growth and Goal Structure: The Case of the ILO. In: IO, 1972, Vol. 26, S. 479 ff.